西北地区资源依法开发与区域发展研究

于访勤 著

中国建材工业出版社
北 京

图书在版编目（CIP）数据

西北地区资源依法开发与区域发展研究/于访勤著
. --北京：中国建材工业出版社，2023.11
ISBN 978-7-5160-3914-4

Ⅰ.①西… Ⅱ.①于… Ⅲ.①资源开发－研究－西北地区②区域发展－研究－西北地区 Ⅳ.①F127.4

中国国家版本馆 CIP 数据核字（2023）第 222413 号

西北地区资源依法开发与区域发展研究
Xibei Diqu Ziyuan Yifakaifa yu Quyu Fazhan Yanjiu
于访勤　**著**

出版发行：中国建材工业出版社
地　　址：北京市海淀区三里河路 1 号
邮　　编：100044
经　　销：全国各地新华书店
印　　刷：北京传奇佳彩数码印刷有限公司
开　　本：787mm×1092mm　1/16
印　　张：11.25
字　　数：152 千字
版　　次：2024 年 5 月第 1 版
印　　次：2024 年 5 月第 1 次
定　　价：59.80 元

本社网址：www.jccbs.com，微信公众号：zgjcgycbs

本书如有印装质量问题，由我社市场营销部负责调换
联系电话：**（010）88386906**

前言

西北地区国土面积占全国的三分之一，是我国土地最辽阔的区域，光热条件较好，矿产资源种类多、储量大，蕴藏着巨大的发展潜力，在全国具有举足轻重的地位。但是，由于自然、历史、经济、社会等诸多原因，导致西北地区经济发展缓慢，与全国的差距较大。我国要在激烈的国际竞争中立于不败之地，要在新世纪加快发展步伐，就必须促进区域经济协调发展，促进生产力合理布局，使东、中、西部地区形成各具特色、优势互补的经济体系，增强国民经济的综合实力和发展后劲。实施西北地区资源依法开发，将为新世纪我国经济的发展开拓新的广阔空间，是保持国民经济持续、快速、健康发展的重大战略举措；实施西北地区资源依法开发，加快西北地区经济社会发展，对于加强民族团结，巩固边疆和国家统一；对于逐步达到社会主义共同富裕和实现中华民族伟大复兴，都具有极其重大的意义。

本书是关于西北地区资源依法开发与区域发展研究方面的著作，分别介绍了西北地区资源与市场分析，西北地区水资源、土地资源、生物资源、气候资源、矿产资源、能源资源开发利用，西北地区产业结构发展研究、西北地区重点区域选择与分类指导的区域布局战略。针对西北地区资源开发利用综合效益差、生态环境脆弱的现状，运用资源经济学和可持续发展的观点，重新审视、辩证分析资源与生态环境问题，提出西北地区资源依法开发的思路与对策建议，对于建立资源节约型的区域经济发展模式，制定实现资源永续利用和保护生态环境的西北地区中长期资源开发利用规划具有重要参考价值。

在编写本书的过程中，笔者查阅和借鉴了大量的相关资料，在此向其作者表示诚挚的感谢。此外，本书在编写的过程中，还得到了相关专家和同行的支持与帮助，在此一并致谢。由于水平有限，书中难免出现纰漏，恳请广大读者指正。

目录

第一章

西北地区资源与市场分析

西北地区是我国资源最为丰富的地区之一。实施西部大开发，加快西北地区经济发展速度，缩小与东部地区经济发展水平的差距，关键是从西北实际出发，充分依托其资源优势，实现优势资源转换战略，将资源优势转换为产业优势，实现资源产业化、经济市场化，在充分利用和保护资源、着重加强生态环境建设的基础上，构建出既富于西北地域特色和优势，又与全国市场体系相一致的公平竞争、规范有序的市场体系和市场机制。

第一节 西北优势资源与资源比较优势

一、我国自然资源的概况和特点

自然资源指人类可利用的、天然形成的物质和能量，它是人类生存的物质基础、生产资料和劳动对象。自然资源一般包括土地、水、能源、矿产资源和气候资源等。了解和分析我国自然资源的概况和特点，是搞好我国经济宏观布局、开发大西北的重要前提。

按照现代科学的理念认识自然资源，会发现许多过去不曾被重视的特性：一是可用性，即可以被人们所利用。这是自然资源的属性，通常它们具有多种用途，即自然资源的多功能性。资源的可用性与资源的稀缺性有极为密切的关系。二是有限性。在一定条件下自然资源的数量是有限的，不是取之不尽、用之不竭的，但是，随着人类利用自然的能力不断提高，物质资源化及资源潜力的发挥是无限的。三是整体性。自然资源不是孤立存在的，而是相互联系、相互影响、相互制约的复杂系统。但在这个系统中，每一种资源都可以彼此独立存在，有其个性。四是空间分布的不均匀性和严格的区域性。不同区域资源组合和匹配都不一样，因地制宜是资源利用的一项基本原则。

各类自然资源也有其本身的特点，如生物资源的可再生性，水资源的可循环、可流动性，土地资源具有生产能力与位置的固定性，气候资源有明显的季节性，矿产资源具有不可更新性和隐含性。在经济学的意义上，资源分为可更新资源与不可更新资源两类，一是具有可再生、可循环、可更新的特点，应在保持其更新能力下永续利用；二是为不可再生、不可循环、不可更新资源，应综合利用、节约利用。我们应当根据各类资源的特点合理地开发和利用资源。

我国自然资源丰富、种类齐全，是世界上的资源大国之一。充分了解我国自然资源的特点，进而了解西北资源特点，对指导产业布局，开发大西北具有重要的意义。

（一）地域辽阔，资源总量大

就资源总量而言，我国是世界上少数几个资源大国之一。我国陆地面积960多万平方千米，居世界第三位；耕地实际面积约20亿亩，居世界第四位；草地资源约60亿亩，居世界第二位；森林面积18.7亿亩，水资源总量28124亿立方米，均居世界第六位；水能、太阳能、煤炭资源量分别居世界第一、第二、第三位。一国的经济发展规模在相当程度上取决于该国的自然资源总量。目前除日本外，世界上的经济大国都是自然资源大国。自然资源总量大是我国综合国力的重要方面，表明我国有较大的资源综合开发利用优势。

（二）资源种类多、类型齐全

我国地处中纬度地区，东西跨经度62度，南北跨纬度49度，地形多样，气候复杂，形成多种多样的农业自然资源，表现为南水北旱，东农西牧，山地平川农林互补，江河湖海散布环集，形成综合利用全面发展的格局。在矿产资源方面，我国目前已发现矿产171种，已探明储量的矿产155种。关键矿产资源、煤炭、石油、天然气等能源矿产资源，锰、镍等黑色金属矿产资源，铜、铅、锌、铝等有色金属资源以及稀土、稀有金属矿产资源，硫、磷、钾、食盐、天然碱等化工资源、建材资源等，样样俱全，是世界上少数几个矿种配套较为齐全的国家之一，可为国家建立独立和完整的工业体系提供物质基础。此外，生物物种多样性也居世界前列。

(三) 人均资源量少，后备耕地不足

我国各类资源总量的优势是明显的，而各单项资源的人均值都低于世界平均水平，矿产资源人均值只及世界人均水平的1/2，人均土地面积为世界的1/3，森林资源为世界的1/6，草地资源为世界的1/3，特别是耕地资源只为世界人均占有量的1/3，水资源只为世界人均占有量的1/4。

我国稀缺的耕地资源不仅人均数量少，而且后备资源不足。据“中国宜农荒地资源”资料显示，我国后备宜农荒地毛面积仅5亿多亩。

矿产资源除煤、稀土、非金属建材外，石油、铁矿石、钾盐等重要资源不仅后备不足，而且勘探程度较低，石油、铜、金等的探明储量只为资源量的1/4～1/5，就是蕴藏量丰富的煤炭资源的探明储量也只为资源量的20%。

各类可更新资源人均值的国际总排序我国在120位，而人均不可更新资源居80位，而且贫矿多、富矿少。因此，我国人均自然资源的总排序约居世界第80位之后。这种人均自然资源占有量或消费量的状况，在很大程度上决定了我国经济总体布局和居民消费水平、生活方式。

(四) 资源质量差别大

在地面资源方面，我国耕地资源质量好的一等耕地约占40%，中下等地和有限制的耕地约占60%，耕地质量不算好；草地资源广布半干旱、干旱地区与山区，资源质量较差，有林地资源则较好，一等有林地约占65%。

在地下矿产资源方面，除煤以外，多数矿产资源贫矿多而富矿少；共生矿多，单一矿少；中小型矿多，大型矿少。在能源中，优质能源石油、天然气只占能源探明储量的28%。我国矿产虽然号称储量大，但矿石品位低，杂质多，产地分散，开发难度大。

(五) 资源分布不匹配且组合错位

我国耕地资源、森林资源、水资源的90%以上集中分布在由大兴

安岭向西南至青藏高原东缘一线以东的湿润、半湿润地区；而以能源矿产为主的地下资源和天然草地相对集中于西部。自然资源南北组合差异大，东西部差别极其显著。长江以北平原广、耕地多，耕地资源占全国耕地面积的62%，但水资源少，只占全国水资源量的17.2%；长江以南则相反，山地面积大，耕地面积少，仅占全国耕地的38%，但水资源充沛，占全国水资源的82.8%。长江以北煤炭占全国的75.2%，石油占全国的84.2%，而长江以南则缺能严重。

综上所述，我国自然资源总的特点是总量丰富，但人均不足，质量不高，分布不均衡，客观地认识我国自然资源状况，要开发、保护和合理利用资源，为我国经济和社会的可持续发展，为开发大西北做出贡献。

二、西北地区自然条件与资源特点

由陕西省、甘肃省、青海省、新疆维吾尔自治区和宁夏回族自治区组成的西北地区，是地球上壮观而又富饶的地区之一，有青藏高原的一部分，有昆仑山、祁连山、阿尔泰山等，有长江、黄河的发源地，有世界上三大沙漠之一的塔克拉玛干大沙漠（根据最近的报道，其地下是一个大油海），有大草原，可以发展畜牧业，开发动植物蛋白源。在历史上，西北地区的自然环境曾有过良好的状态，社会经济发展也曾有过繁荣时期。它曾经为中华民族的崛起创造过无数的辉煌。由于千百年来多次战乱、自然灾害和各种人为的原因，西部地区生态环境不断恶化，经济发展明显滞后。目前，我国西北地区丰富的自然资源与恶劣的自然条件并存。

我国西北自然资源是比较丰富的，已探明的石油和天然气资源，大约分别占全国的20%和30%。在金属矿产中，黑色金属，有色金属，稀有金属的铜、铅、锌、铁、钒、钛、铝土、镍、铂、钴、钾、铌等及非金属矿的磷、硼、盐等有较大的储藏量。由于其特殊的自然条件，西北地区农牧业资源具有较大的潜在优势。草地面积约1.9亿公顷，占全国的48%。在经济方面，西北地区也曾经是我国20世纪50年代至70年代初期经济建设和国防建设的重点地区之一，近年来加大了能源的勘探和开发的规模。因此，西北地区在石油、水电、天然气、钢铁、有色金属等能源原材料及国防军工制造和电子工业方面有较强的基础和一定优势，某些特色农业和生物资源前景也在全国占重要地位。然而，这些优势大部分是潜在的，20世纪90年代以来，西北地区经济发展与东部地区的差距越来越大。除少数地方外，西北地区自然条件严酷，产业比较优势差，是开发大西北面临的主要困难之一。

西北地区大部分处在干旱、半干旱西北地区。西北地区的青藏高原平均海拔4000米以上，气候高寒；黄土高原水土流失严重，土层很薄；内陆干旱地区沙漠、戈壁广布，全国的荒漠化面积主要在西北。仅西北五省加上内蒙古的荒漠化土地面积就达212.8万平方千米，占全国荒漠化土地面积的81%，耕地沙化和草地退化严重。每年进入黄河的泥沙大部分来自西北的荒漠化地区。西北大部分地区年降水量在400毫米以下，而蒸发量在2000毫米和3000毫米以上，相应的干燥度在1.5和4.0以上。加上现阶段经济发展水平低，管理不善，水资源利用有较大浪费。按照中等干旱年估计，目前总缺水59亿方。水资源不足，一方面严重制约经济发展，另一方面使生态系统处于极为脆弱的状态。而在今后一个相当长的时期内，西北节水水平不可能大幅度提高。由于多种原因，许多资源比较优势明显减少。

鉴于西北地区丰富的自然资源，不利的自然条件和开发中的严重困难，我们应客观分析西北的优势资源和资源比较优势，实事求是，循序渐进，处理好需要与可能、近期与长远、经济发展与生态恢复之间的关系，开发建设好大西北。

三、各具特色的优势资源

(一) 土地资源丰富，是全国重要的农牧业生产基地

土地是人类赖以生产和生活的立足场所，又是农业最基本的生产资

料。从农业生产来看，土地资源的状况不仅影响农业生产的产量，而且制约着农业生产的构成。土地资源具有数量的有限性和位置的固定性，人们不能任意增加和移动它。土地资源还具有可更新性，并不因为人们的使用而失去使用价值，相反，只要使用得当，还可以提高土地的利用率。西北地区北部与蒙古国和俄罗斯接壤，西部与西北部与巴基斯坦、阿富汗、塔吉克斯坦、吉尔吉斯斯坦、哈萨克斯坦等国接壤，南部与西南地区相接，东部与华北地区连贯，东南部与中南地区相邻。它包括黄土高原、河西走廊、柴达木盆地、塔里木盆地、准噶尔盆地，以及天山山脉和青藏高原部分地区，是我国土地面积最大，人口数量少的地区。全区耕地面积 1249.30 万公顷，占全国耕地面积的 13.15%，草地面积 10916.4 万公顷，占全国草地面积的 27.30%，是我国重要的农牧业生产基地。西北农业有悠久的历史，关中地区、河套地区、河西走廊以及新疆的绿洲垦区，都是重要的粮食生产基地。西北地区作为我国主要牧区之一，有着丰富的草地资源，为发展畜牧业奠定了良好的基础。在畜牧业基本建设方面，如人工草场建设、天然草地的恢复更新、草原灌溉、饮水设施、牧业机械、畜产品冷藏、运输和加工、畜产品市场等，都出现了前所未有的喜人景象。但西北土地面积的大部分为干旱、半干旱荒漠，生态环境恶劣，在资源利用上存在着诸多限制，需要按照自然规律，加强生态保护和生态建设，走可持续发展之路。

（二）能源、矿产优势明显

能源、矿产资源的后备储量，是衡量一个国家、一个地区综合实力的重要指标。西北地区主要的能源，如煤炭、石油、水力等资源，在全国名列前茅或占有重要份额。西部地区煤炭保有量达 3009 亿吨，约占全国总量的 30%，主要分布在陕西、新疆和宁夏，著名产地有陕西的神府煤田、渭北黑腰带等。西北地下蕴藏着丰富的石油、天然气资源。石油储量 5.1 亿吨，占全国陆上总量的 23%左右，主要分布在鄂尔多斯盆地、准噶尔盆地、塔里木盆地、吐哈盆地和柴达木盆地；天然气储量为 4354 亿立方米，占全国陆上总量的 58%左右，主要分布于鄂尔多斯盆地和塔里木盆地。近年来，在陕西、甘肃、宁夏、青海和新疆又接连发现了许多大中型整装油气田。据国土资源部统计，我国西北地区矿产资源潜在价值达33.7万亿元，且矿藏相当集中，开发成本较低，潜力巨大。各种矿藏目前初步确定已达123种，占全国155种的80%以上，其中储量占全国近半或一半以上的就有45种，一些金属储量名列全国乃至世界前茅。例如：钛、钾、汞、稀土、石棉等，均占全国储量的80%以上；锌、铅、铜，分别占全国储量的62%、52%和46%。西北有色金属矿产蕴藏量尤为惊人。甘肃金昌号称“东方镍都”，集中了全国近62%的镍和57%的铂，是全国最大的铂族金属资源和生产基地；青海集中了全国钾盐储量的97%；陕西金堆城的钼、甘肃白银的铜等在全国举足轻重。据国土资源部有关专家论证，在西北大开发过程中，根据资源储存情况，可规划建设七大主要矿产资源开发区，包括陕甘宁盆地油气区、陕南甘南有色金属贵金属区、黄河上游干流能源有色金属区、柴达木盆地油气盐湖化工区、北疆能源有色金属区、东疆及河西走廊西段能源钢铁化工区和南疆油气区。

（三）旅游资源独具风采

西北地区有浩瀚的沙漠、辽阔的草原、巍峨的群山、独特的地貌，以及珍禽异兽、奇花异草，在这里可以领略高原的雄浑、大漠的苍茫、绿洲的生机盎然和无穷魅力，而且这里也是东方文化最充分、最集中得到表现的地方，是中华本土文化与中西亚各民族文化交汇融合的地方。强大的奴隶制国家西周，统一六国的中央集权国家秦王朝，与罗马帝国在欧亚大陆两端同时称雄、开通丝绸之路的西汉，经济和科技文化发达、威名远播的唐朝，均建都于咸阳或长安。历史上著名的“开元盛世”“贞观之治”“丝绸之路”“西夏王朝”等，都发生在这里。著名的名胜古迹有陕西临潼秦始皇兵马俑、敦煌莫高窟、西宁的藏传佛教圣地塔尔寺等。同时这里还是红军两万五千里长征路过的地方，因此是进行爱国主义教育、革命传统教育的圣地。奇妙瑰丽的自然景观和多姿多彩的人文景观，构成了极其丰富的旅游资源。这种独一无二的资源，已经为世界所公认，它正以独特的魅力吸引着世界各国的旅游者和探险家。

第二节　西北人力资源的比较优势

一、人力资源的特点

所谓“人力资源”是指含在人体内的各种生产能力，它是表现在劳动者身上的，以劳动者的数量和质量表示的资源，并对经济起着生产性的作用。它不同于自然资源，而是最活跃、最积极、最有主动性的生产要素，即它是积累和创造物质资本、开发和利用自然资源、促进和发展国民经济、推动和促进社会变革的主动力量。

人力资源和其他资源一样，既具有质、量、时、空的属性，又具有自然的生理特征。同自然资源相比，人力资源有其特殊性：

第一，主观能动性。自然资源都具有一定的实物形态，可以用一定的尺度来计量。而人力资源一般不具备实物形态，因此无法通过一定的测量手段和方法去加以衡量和比较。人还不同于其他生物，是具有主观能动性的高级动物，人能够积极主动地、有目的地认识自然和改造自然。在改造物质世界和参与社会活动的过程中，人能最大限度地发挥出劳动的热情和积极性，并通过意识对所采取的行为、手段及结果进行分析、预测和判断。所以说，人是生产力中最活跃的因素。

第二，生产和消费的两重性。人既是生产者，也是消费者。从人力资源开发的角度来说，人的这种两重性，提醒我们既要对人口数量进行控制，更要强调人口的质量作用，要重视人力资源，发挥其最大的社会经济效益。否则，可能形成社会不安定因素，导致社会动荡。

第三，时限性。自然资源一般来说是一种永恒存在，能量守恒是物质运动的基本规律。而人力资源则具有时限性，它的形成、开发和使用，都要受到个体生长周期的限制，人口和人才都具有周期性，人力资源的合理开发必须遵循这个周期变化的规律性。只有强调人力资源的及时组织、合理配置与使用，才能发挥出其应有的能量和作用。

第四，人是科学文化的载体。人不仅仅具有主观能动性，而且还是科学文化的载体，这是人区别于其他资源的又一特征。人在改造客观世界的行动中，所投注和释放的聪明才智，能够达到改造和美化世界的最终目的。而且，人的智慧还可以传播和延伸。人可以传播和延续科学文化的这一功能，使得我们可以更深刻地理解人力资源这种特殊资源所蕴藏的能量。

第五，可再生性。人力资源是一种可再生资源，人口再生产是人口不断更新，世代不断更替，人类自身得以延续和发展的过程。人口再生产过程是生物学过程和社会过程的统一。

二、西北人力资源比较优势

我国的人力资源异常丰富，劳动年龄人口增长迅速，但文化水平低，人力资源素质差，这种状况不仅同样适应于西北地区，而且表现得更为突出。西北地区人力资源状况有四大基本特征。

（一）人口数量增长快，人口相对过剩

尽管西北地区总人口比东部地区总人口少，但每年出生人口要比东部地区出生人口数多出 5%。人口的过快增长在宏观上必然导致对资本积累的压力，使西部地区难以跳出“人口增长压力—资本短缺—产业结构落后—劳动生产率低—收入水平低”的恶性循环；在微观上则形成了过重的家庭负担。在巨大的人口压力下，经济的维持更多地依赖于对自然资源的掠夺，进而威胁到西部人口的可持续发展。

（二）人力资源开发程度低，人力资本供给短缺，人才和智力大量外流

西北地区每万人中拥有的大学生人数比东部少得多，人口健康素质也远远低于东部平均水平，如整个西部地区由于贫穷和感染疾病造成的死亡率为 71.9%，比东部地区高 41.2 个千分点。在这种人力资源条件

下，西北地区对投资的吸引力、资本吸收能力及其劳动生产率都受到严重影响。

同时，由于西北地区与东部地区的差距，形成了西部地区的人才和智力流向东部沿海地区的局面，使西部地区人才短缺的局面更加严重。

（三）贫困人口比例高，人口城市化水平低

西部地区县总数仅占全国县总数的30％，是我国贫困人口比例最高的地区。我国贫困人口、极度贫困人口大都分布在西北地区。这种现状从多方面制约了西北地区全面发展。目前我国城镇人口占总人口的60％以上，而西北地区人口城市化发展滞后，人口非农化进程缓慢以及城市基础设施建设落后，严重制约了城市功能的充分发挥。

（四）人口分布不合理，人才积压浪费严重

西北地区人口分布不合理主要体现两个方面：一是生态环境脆弱地区的人口密度和人类活动水平过高；二是农村人口过于分散。这种分布格局一方面使得原已脆弱的生存环境更为恶劣；另一方面也加大了开发中诸如交通、通信、教育、卫生等基础设施的投资成本，限制了其效益的充分发挥。

人力资源结构也极不合理，一方面，面向基层，推动经济迅速发展需要人才；另一方面，相当数量的智力资源无法转变为巨大的社会效益，人力资源的浪费触目惊心。

西北地区人力资源的这些特点，作为西北地区人口与发展矛盾的集中表现，主要表现为阻碍地区发展的因素。但任何问题都是辩证的，劣势在一定条件下可以转化为优势。在西部大开发背景下，西北人力资源的劣势，有适合的政策导向、充足的资本注入和良好的人才成长环境，就会成为人力资源的优势。从比较优势的角度看，西北人力资源具有鲜明的特点和前景广阔的开发优势。

1. 充足的劳动后备军

目前西北地区有丰富的人口资源，将人口资源转变为人力资源是西北地区经济发展的前提条件，也是加速实现西北地区人口再生产类型转

变的重要基础。丰富的人口资源，为人力资本的投入准备了雄厚的资源，为社会发展提供了充足的劳动力后备军。一个地区的人力资本存量越大，即人口和劳动者的科学技术知识水平和生产能力越高，劳动力的质量便越高。当然，要将丰富的人口资源转变为人力资源，充分发挥人口丰富的比较优势，就必须加大教育投入，同时开放人力资本投资市场，鼓励社会资源积极进入人力资源投资领域，并以市场为导向，建立人才资本营运机制，积极鼓励国内各种人才直接加入西部大开发事业，实现人力资源的合理配置和充分利用。

2. 丰富且低廉的劳动力储备

保持廉价劳动力资源优势是各国经济发展初期的一大法宝。这一法宝对劳动力过剩、资本紧缺的大西北尤为重要。近年来，一些高收入、高消费地区受到普遍关注，并就此抬高了各地工资水平。对发展劳动密集型产业和扩大就业规模产生了不利影响，劳动力资源丰富并不一定构成经济发展优势，只有劳动力资源既丰富又低廉，才是经济发展的优势。在西北大开发中，要有充足的资本和劳动力、技术投入，廉价的劳动力是国内外企业、商家到西部投资的一个重要吸引力。丰富的人口资源，充足的劳动力后备军，足以成为人力资源的一个比较优势。

3. 相对集中的人才资源优势

西北地区人才相对贫乏，但也存在着一些人才相对集中的区域，在大城市、大工厂以及国防科技基地，聚集着相当数量的科技人才。如陕西高等院校 53 所，综合实力在西部地区占第一位，位居全国第三。高校数量多，学科专业齐全，实力雄厚。再如青海，每万人中拥有的大学以上学历的人口数量居于全国各省区的前列。发挥这些人才的作用，并利用已有的教学科研基地，吸引更多的人才到西北一显身手，将会给西北大开发插上强健的翅膀。

4. 少数民族人口优势

西北地区是我国少数民族聚居地区，少数民族人口比例较高。新疆和宁夏是两个省级民族自治区，中华人民共和国成立后，多年来我国制定和采取了一系列特殊政策，扶持少数民族地区发展经济。加快少数民族地区的经济和社会文化发展，不仅具有经济意义，而且具有加强民族团结和促进社会稳定的政治意义。过去认为西北地区距海较远，向东对外开放有较大的限制，但向西开放，却拥有有利条件。这里地处东亚和中亚的结合部，与八个国家相邻。中亚和南亚各国与我国在经济上、文化上有一定的相同性和互补性，当前都有与我国开展经济贸易合作和文化交流的强烈愿望。而且，历史上西北地区就与周边国家有着传统的友谊和经济往来，具有良好的对外开放前景。这一地区，少数民族人口居多，对与周边国家关系的改善和全方位对外开放起着重要作用。因此，少数民族人口优势是西北地区今后和未来发展的一个显著优势。

三、开发西北人力资源，发挥人力资源比较优势的对策思考

（一）广拓就业途径，实现充分就业

西北地区普遍存在的不同类型失业现象实质是人力资源最大的浪费与闲置，大量公开和非公开失业的根本原因是劳动力总供给大于总需求。因此要发展西北经济，解决失业问题，一是降低人口增长率，减少劳动力供给；二是增加劳动力需求，扩大就业门路。但人口增长率下降导致劳动力供应量下降，一般需要 15～20 年的滞后时间。因此，大力发展劳动密集程度高、资本密集程度低的产业，着重发展技术密集型产业和第三产业，广拓就业途径，扩大劳动力的就业需求，乃是西北人力资源开发和利用的主要思路。

（二）加大教育投入力度，提高教育投资效益

人力资源是最重要的经济资源，人不仅具有能动性，而且还是科技文化的载体。人口多并不一定意味着落后，人口之所以成为中国经济的沉重包袱，根本原因是人口素质低下，西北此种状况尤甚，人口的增长与社会经济承载力不相适应。提高人口素质，关键在于提高全民族教育水平，提高教育投资的效益。加大教育投入，是西部地区增加人力资本

资源的基础，尤其是普及九年制义务教育，抓紧实施脱盲教育，使这一地区的人口素质有一个整体性的提高。在增加教育投资强度上，要开辟多种教育资金渠道，提高国家教育支出比重，鼓励社会增加教育投入，同时要大力发展职业教育，提高劳动者的生产技能，适度发展高等教育，提高教育质量和效率，改革教育体制，加强其他民族教育，适应西北经济发展的需要。

（三）鼓励专门人才交流，设法留住人才，大胆引进人才

西北人力资源开发与发展的另一重要内容，就是吸引并留住专门人才。人才外流弊大于利，会对其经济发展产生消极影响。政府可以采取几种办法来解决这个问题：第一，对能带来重大社会效益的管理和技术人才，直接出高薪和补贴留住和引进。第二，对企业家和技术骨干给予股权、期权和与效益挂钩的工资奖金制，同时加快国有企业股份化和民营化改革。第三，大力鼓励民营企业发展。这样，西北就可能以提供更多的商业机会来与东中部竞争人才。

第三节　资源型产业与加工型产业的协调与发展

一、从资源优势到竞争优势再到产业优势

长期以来，我国区域经济发展战略或生产力布局的基本原则是："扬长避短，发挥优势"。在这个原则指导下，充分依托自然资源，大力发展资源型产业，是西北各省区制定经济发展战略和政策的基本依据。一般讲，资源优势是指天然形成的优势，指拥有的资源丰富，规模大，品位高，质量好。人类活动可以在数量上影响其赋存状况，却无法改变其禀赋格局。资源优势并不等于区域比较优势，区域比较优势所包含的内容十分广泛，除了自然资源外，资金、劳动力、科学技术水平、区位条件、市场容量、历史文化积淀、政策体制因素、社会发展状况等，都是区域比较优势的重要组成部分。在比较优势的诸项要素中，资源优势

占有重要地位。因为自然资源的分布是地域分工的自然基础。在经济发展的初级阶段，资源优势对生产活动至关重要，现代经济也无法摆脱资源优势的影响。但随着经济发展水平的提高，新科技的广泛运用，资源优势会随着坐标定位变动，生产活动对资源比较优势的依赖会逐渐减小。要将资源优势变为比较优势，首先要全方位地认识和把握资源优势和比较优势，将资源优势充分发挥出它的比较优势。

以多数地区来看，资源优势表明，一是某种资源丰富；二是比较成本低。但从市场竞争来看，首先，具有竞争优势的是在国际，至少是在国内市场具有垄断优势的资源和产品。例如新疆的石油、甘肃的镍、青海的钾肥等，在现在勘探成果和技术条件下，一定时期具有其他地区不可替代的地位，因而可凭其垄断地位获得竞争优势。除此之外，以某个地区或局部市场定位的资源优势，虽然有一定的市场空间，开发能获得一定收益，但并不意味着具有竞争优势。因为在开放的市场经济条件下，一般资源性产品的供给已不局限于某个局部，更多地利用量大、质优、价廉的外来资源，已成为一种必然的趋势。其次，比较成本低一般指开采相对容易，投入要素较少，工资成本低廉。只有资源有市场需求，开发利用在技术上可行，在经济上合理，产品科技含量高，在运输上便捷通达，在价格上有竞争能力，才具备竞争优势。然而，对于西北来讲，这种比较优势，往往被庞大的运输成本抵消。即使是西部目前还占有工资成本较为低廉的优势，但用市场经济的观点来看，工资成本低实际上也隐含着劳动力素质不高和产品科技含量低下的不利因素。

在人们的观念和行为中，西北有自然资源丰富的优势，主要是缺乏资金和技术，而沿海发达地区具有资金和技术的优势，但缺乏资源。因此，西北应引进沿海发达地区的资金和技术，输出自然资源密集或劳动密集型产品，各地优势互补，通过市场交易，双方可获得最大利益。我国目前的产业分工基本上是这种格局。事实上，在国际市场日趋一体化，自然资源日益被新材料所替代，劳动快速被资本和技术所替代的今天，这种传统的产业和贸易分工的路已很难再走下去。从市场角度分析，依据这种分工，虽然在一定时期能使西部获得比较利益，但不能从根本上缩短西部与沿海发达地区经济发展的差距。这种产业分工和贸易格局导致的不同产业收益率的巨大反差表明，立足当地资源优势建立的传统资源型产业，并不具备竞争优势。

综上所述，西北的资源优势并不表明它同时也一定具备比较优势和竞争优势。从西北的实际看，一方面，西北具有自然资源和劳动力成本低廉的优势，但这些优势在国内外市场竞争中并不具备竞争优势；另一方面，根据现实的生产力水平和经济实力，这些优势还必须充分利用。要解决这一矛盾，就不能停留在天然形成的资源优势上，而是要致力于创造参与市场竞争的各种优势，在全国新一轮结构调整和产业升级过程中，西北既难成为全国劳动密集型产业接替区，也难有条件在较大范围内形成技术密集型产业，要将资源优势转变为竞争优势，道路只有一条，即实现资源优势向产业优势的转换。

二、实现资源产业化、经济市场化

西北地区是我国经济欠发达地区之一，也是资源最为丰富的地区之一。西北要加快经济发展速度，缩小与东部地区的经济发展水平差距，从西北实际出发，便不得不依托其资源优势，实现优势资源转换战略，将资源优势转换为产业优势，实现资源产业化，经济市场化。

西北地区具有丰富的得天独厚的资源优势。自改革开放以来，由于深化改革、扩大开放，也由于实施优势资源转换战略，西北经济有了较快发展，已初步建成了以农牧业为基础产业，以农产品加工为主的轻纺工业，以及以石油石化等产业为主导产业的产业体系，基本上解决了温饱问题，但自温饱问题得到解决、社会经济进入社会主义市场经济发展阶段之后，优势资源转换战略的实施遇到了困难，经济发展面临着一系列新情况和新问题。

第一，产品特别是依托资源优势生产的大宗产品，如粮食、棉花、甜菜、啤酒花、羊毛、石油、镍等商品的销售，多次出现大起大落的波动。尤其是从1997年开始，多年的商品短缺问题，一变而成为供过于求，卖方市场转变为买方市场。商品销售市场处于疲软状态，市场竞争明显加剧，给企业生产经营，进而给地区经济的发展，带来了前所未有的困难。

第二，由于市场竞争日益尖锐，竞争成本增加，经济效益下滑，企业亏损面扩大，出现了“投资无热点”现象。人们在上新项目、扩大资源开发增加新投资时，看不到哪个项目和产业的投资效益比较高，从而降低了实施优势资源转换战略的积极性。

资源优势只是一种潜在优势，要使资源在经济生活中发挥作用，必须开发资源，并建立相应的加工产业，把资源优势转换为产业优势。但是，随着经济的发展，人们在满足了自给自足的需求之后，越来越多的产品要转化为商品走进市场，以实现自身的价值，否则，生产就难以为继。因此，随着市场经济的发展，市场机制对生产、对经济的基础性调节作用会越来越强。只管生产，不管销售，只考虑资源，不考虑市场，不考虑把产业优势转换为经济优势，经济发展就难免遇到困难。

企业或地区要具备产业优势，必须具备以下条件：一是生产的商品必须物美价廉，具有比较高的经济效益；二是具有较大的生产、经营规模；三是要有健全、有效的销售及售后服务网络；四是要有较高的企业形象与商品品牌知名度；五是在同类商品中占有较大的市场份额；六是要对该种商品的市场供需平衡状况具有较强的影响力或控制力。前三点是产业优势的基础，后三点是产业优势的具体体现。

很显然，要把资源优势转变为产业优势，进而转换为经济优势，就必须充分利用和发挥资源优势，以市场需求与价格状况作为决策的出发点，同时要考虑资源的充分开发。“以销定产”是市场经济对商品生产发展的基础要求，发挥资源优势是培育、发展产业优势的物质基础，而科技具有把本地产业与区外资源和市场紧密连接在一起的特殊功能。在资源优势向产业优势转化过程中，培植和发展科技优势是建立和发展产业优势的关键。一方面，先进的科学技术有利于提高资源的开发利用率、降低资源开发成本，有利于扩大产业规模，从而有利于资源开发范围和开发深度的拓展；另一方面，利用先进科技的创新功能，可以生产出质优价廉的新产品，可以开发出新的消费需求，大大拓宽市场。

建立与发展优势产业并不是进行经济活动的最终目的。在市场经济条件下，追求利润最大化，实现社会、经济的良性循环，才是发展经济的目的。因此，西北地区在建立与发展产业优势的过程中，必然要求进一步建立与发展经济优势。要通过经济结构的调整达到这样的目标：一是生产的商品具有较高的比较效益和较高的价格功能化，并且具有强劲的市场竞争力和较高的市场占有率，生产经营具有较高的经济效益；二是地区经济结构协调、合理，结构的整体效益高；三是经济基础雄厚、经济规模大；四是经济运行处于良性循环状态，具有较高的资金积累率；五是经济在较长时期内保持高速、持续、协调的发展状态；六是人民生活随着经济发展得到稳步提高。优势产业只是在地区诸产业中，具有较好市场前景、经济效益和发展潜力的产业。也就是说，实现资源产业化、经济市场化，是市场经济的客观要求，也是开发大西北的客观要求。

要实现资源产业化、经济市场化，首先，要选准优势资源的市场定位，在不断提高地区产品市场占有率的基础上，瞄准国内和国际大市场。比如，新疆的天然气，其市场应该定位在区外，特别是东部沿海地区；棉花和石油属国际大宗商品，其主要市场在区外，主要是输出初级产品。当然，关键在于提高品质、降低生产和流通成本，以优质、低价与国内外竞争，但也要发展棉花及石油的下游产品深加工，在满足自我需要的同时，力争向区外和国外输出。其次，要大力发展区域经济和特色经济，搞好规模化生产和区域化布局，建立特色产品生产基地，形成规模效益；搞好产业经营和产品的系列化加工，尤其是精加工，提高商品附加值；组建以政府农业部门为主体，以县为单位的农业信息服务网络，为农民提供农产品的市场动向、价格波动、产业导向、技术服务等信息，树立优质农产品品牌，扩大农产品在国内外的市场占有率。再次，要积极培育新的经济增长点，形成新的支柱产业。目前，西北有条件成为新的经济增长点的行业有旅游业、有色金属工业、综合社会服务业等。要加快形成以旅游业带动经济发展的战略格局，在以丝绸之路为主干、以常规旅游和探险旅游为重点的同时，开发新的旅游精品线路、旅游购物和开发冬季旅游项目，尽快打开南亚、西亚市场，延伸丝绸之路国际段。同时加快有色金属的开发利用，结合再就业工程，积极发展城乡服务业，使其成为新的经济增长点。

三、西北地区资源型产业发展的方向与重点

（一）西北地区资源型产业发展方向

把资源优势转变为产业优势，进而转换为经济优势，并不是不依托、不利用资源优势。恰好相反，在培育、发展产业优势时，必须更充分地发挥资源优势，建立与发展资源型产品。在西北地区，选择与发展资源型产业的重点，要注意把握以下几点：

一是以市场需求为导向。对于资源开发，一般有顺向开发和逆向开发两种思路。所谓顺向开发，主要指依据自身的供给条件，以资源禀赋为导向，有什么资源开发什么资源，什么资源富集就先开发什么资源。所谓逆向开发，是指以市场资源为导向，确定开发品种和开发序列。目前，逆向开发已成为世界上大多数国家采用的基础方法，在我国，继消费品市场供求发生历史性转变后，初级能源、原材料市场也已出现供大于求的形势。这固然与近几年经济增长速度回落有关，但随着经济增长方式的进一步转变，单位产品能源、原材料消耗逐步降低。因此，西北各省区既要看到国内外经济发展对资源型产品需求日益增长的市场前景，也要认真对待科技进步对资源的依赖性相对减弱造成的种种不利因素，进一步强化资源开发的市场导向性，及早对已经或准备开发的主导产品进行市场定位，分类甄别，择优开发。

二是以提高竞争力为目标。西北要提高资源型产品或产业的竞争力，必须强化主导产业、有创新能力的行业在空间上的集聚。以青海为

例，钾肥资源在国内占绝对优势，以此为龙头在深加工、精加工和延伸产业链上下功夫，可在较短的时间内形成在全国具有较强竞争力的优势产业；柴达木盆地集石油、天然气、盐湖、有色金属等多种资源为一地，为资源平衡和综合利用提供了世界上罕见的资源结构。充分利用这些资源和产业的互补性，大力发展有机化工与无机化工相结合、化工与冶金工业相结合的产业和产品，不但可以大幅度提高资源加工附加性，节约利用，实现资源综合利用和可持续发展，而且可以有效增强产业竞争力，并带动整体产业群的结构优化和升级。因此，选准特色，集中要素，促进聚集，优化结构，增强效益，应是西北地区建立资源型产业，从资源优势走向竞争优势的重要方向。

三是促进生产要素向优势产业集中。发展西北资源型产业，实现资源优势向产业的转换，不仅是一个结构调整问题，而且是西北经济增长方式的一次根本性变革，因而需要强化产业政策引导，西北各省区也应充分利用经济、法律乃至必要的行政手段，促进各种生产要素向主导产业、优势产业集中，营造能有效推动产业优势快速崛起的良好氛围。要加强项目和资金引导。从近年来各地招商引资的经验看，随着全国经济结构调整步伐的加快，国内外游资是比较充裕的，西北关键是缺乏好的项目，缺乏切实可行的工艺技术。因此，应把加强项目前期调研和技术攻关作为培育产业优势的落脚点。为此，各省区要争取国家在基础设施建设、重大资源开发项目等多方面给予更多投资。要加快转变观念，不等不靠，大力探索筹资行为市场化、投资主体多元化、融资渠道多样化、投资回报显现化和投资项目业主化等改革路子。努力形成适应市场经济要求的投融资体制，努力促进生产要素向资源型优势产业集中。

（二）西北地区资源型产业发展重点

对于西北这样一个不发达地区，立足于天赋资源优势，并使已有的资源开发方面的比较优势不断提高，是使其经济实现起飞的基本途径。为此，西北地区必须重视资源型产业的发展模式，以便将资源产业的发展推向一个新的阶段和更高的层次。

毋庸置疑，在传统经济管理体制和经济运行机制下形成的发展模式，推动了西北地区能源、原材料等资源型产业的高速扩张，使其成为在全国具有战略地位的区域支柱产业。但也应该看到，西北地区的资源型产业受传统发展模式弊端的束缚也最大。西北地区经济发展的极不平衡及其经济的粗放性、不稳定性和自我发展、自我积累、自我完善能力比较弱等特征都表明其经济尚未步入良性循环的轨道；而传统体制下西部地区能源、原材料工业的发展模式，则是导致其经济循环不良的重要因素。任何一个产业的发展模式，都是由客观体制环境和自身成长的条件及规律共同决定的。从西北地区资源型产业的发展来看，其自身的发展条件和规律，对其发展模式的重构产生了重大影响。因此，我们一要克服资源开发中急功近利的短期意识和行为，把资源型产业的规模建立在对资源进行有序开发的基础之上。二要提高资源利用效率，形成区域整体比较优势，把对资源的单一开发转变为综合性开发。三要重视技术进步对资源性产业发展的推动作用，把对能源、矿产资源的粗放型开发转变为集约型开发。

根据西北地区资源产业发展的基本方向以及发展新模式的思路，西北地区资源型产业的发展重点应当以煤炭、电力、石油和天然气化工、有色金属等工业为基础，形成布局合理、综合开发能力较强、后续发展能力较大的区域经济和宏观国民经济的资源支撑体系。

1. 能源工业

西北地区是我国有条件建成煤、水、油、气四大常规能源的综合开发基地的地区。因此，其能源工业应以发展煤炭、石油、水电等常规能源生产为主，适当发展核能、太阳能和风能等新能源。总的说来，西北地区的能源工业要形成东部、西部以煤、油（天然气）为主，中部以水电为主的发展格局，成为全国煤炭、电力生产和输出的重要基地之一。

(1) 煤炭工业。西北地区煤炭资源潜力大，但开发能力极低，加上铁路运输的限制，调往区外的数量是十分有限的。由于开发能力低，原煤的增长速度落后于区域社会总产值的增长速度，使煤炭工业成为西北地区发展的滞后因素。但西北地区煤炭储量多，分布集中，煤层厚，开发条件较好，适于进行大规模的基地式开发。同时，国家已把陕北、宁夏、山西和内蒙古沿黄地带列为全国性的煤炭重化工基地，并部署和进行铁路干线的配套建设，从而为这一地区煤炭资源的大规模开发提供了良好的契机。随着宝中铁路的建成，关陇地区的彬长、华陇干煤田已进入大规模开发阶段；加上原有煤炭基地的改造和扩建，“西宁—兰州—石嘴山”一线以东的地区，煤炭生产的能力将成倍增长。新疆的煤炭工业，也将得到稳定的发展。这样，21 世纪西北地区的煤炭工业将进入一个新的发展阶段。

值得注意的是，发展西北地区煤炭工业，必须充分考虑到如下几个问题：一是在扩大生产能力的基础上，实现西北地区的供需平衡，重点解决甘肃、青海两省煤炭供给不足的问题。同时，也要解决各省、西北地区缺煤地区（如陇南、陕南、南疆等）的供应问题。二是在西北地区供需平衡的基础，扩大向区外调出原煤的数量。其中宁夏、陕北的煤炭主要调往东部沿海地区；关陇地区的煤炭主要调往西南地区。三是发展煤炭出口。宁夏的“太西煤”，应在扩大生产规模的基础上，增加出口数量。同时，要利用陇海—兰新亚欧大陆桥，扩大新疆及各省、区的优质煤向西出口。四是利用新技术、发展煤炭新产品。如增加洗精煤的比重，开发生产型煤及各种易燃、高热值的新型燃料煤。五是以煤炭资源为依托，发展综合性的煤化工产业体系。

(2) 电力工业。电力工业在西北地区也有较好的资源基础和产业基础。在未来的发展中，西部电力工业仍将保持以水电为主的格局。其中黄河上游的龙羊峡至青铜峡河段是开发重点，国家已把这一地区规划为以水电、有色金属为主的资源型开发区。因此，应适度超前进行水电开发。除了已建成的刘家峡、盐锅峡、八盘峡、青铜峡和龙羊峡水电站外，从 20 世纪 90 年代到 21 世纪初，李家峡、黑山峡、大峡、公伯峡、积石峡和拉西瓦等六个水电站，相继投入建设。

西北地区电力工业的发展，要考虑如下问题：一是要形成“水火相济”的发展格局，即在开发煤炭资源的同时，进行煤电建设、提高煤电的比重，增强电网的调峰能力；二是与华北、华中电网联网，进行电力输出；三是大中小并举，特别是在新疆和西北地区的黄河流域一带发展中、小水电，为缺电地区的经济发展提供电力保证。另外，除了水电和煤电以外，西北地区还应利用技术优势，积极创造条件，发展核电，开发太阳能、风能等新能源。

2. 原材料工业

石油化学工业和有色金属工业是西部地区重要的基础原材料工业。除此之外，盐化工、煤化工等原材料工业在西部地区亦有广阔的发展前景。

（1）有色金属工业。西北地区有色金属工业，为我国国民经济提供着各种急需的有色金属材料，其中有些是战略性的原材料，并且具有替代进口、节约外汇的重要作用。它包括两类：第一类是立足于本地区丰厚的资源基础，形成了大规模集中生产的工业，其产品在全国具有独占性，如镍、钼、铅、锌等有色金属的开发。第二类是依靠区域内丰富的电力和冶炼技术优势发展起来的有色金属工业，前者如铝工业，后者如稀土工业。这类工业主要是利用区域外的资源进行生产和加工。

发展西北地区的有色金属工业，应考虑到如下问题：一是要把发展重点放在镍、铝、铜、铅、锌、锑、钼、稀土等重要的资源开发上，加快开发进程，扩大生产规模，使其生产能力在全国保持领先地位。二是进行勘探、矿山建设和采、选、冶的综合配套开发，不断增加后备储量，缓解原材料矿供应不足的矛盾；实现采、选、冶诸环节的平衡，使有色金属工业均衡、稳定发展。三是要重视老基地和骨干企业的技术改造，特别是对于处在资源开发后期的老基地和老企业，或者提供后备资源保证，或者进行资源替代，帮助其走出开发后期的困境。四是对资源进行综合开发，发展共生矿、伴生矿的开发利用技术，不断提高资源的综合利用率。五是发展与其他产业的广泛关联，发展有色冶金——化工和有色冶金——黑色冶金的联合生产。六是扩展其前向生产环节，开发加工工业所需要的初级产品，使其产品结构能够与本地区的加工工业较好地衔接起来，为发展适度加工增值创造有利条件。七是发展新技术产品和开展技术对资源的替代，重点发展技术含量高的新型材料。同时利用优质技术，保持对资源的持续开发能力。

（2）石油化学工业。西北地区石油化学工业的发展目标，是要建成全国内陆地区最大的石油后备资源基地，为中西部地区乃至东部地区提供急需的原油和制成品。同时，发展以石油、天然气为原料的化学工业，为区域经济和国民经济的发展提供化学原材料。为此，西北地区应以兰州和克拉玛依、玉门、长庆以及未来的南疆油田等基地为依托，建立区域内东中西“三足鼎立”，比较完备的石油开采、加工和深加工的生产体系。

一是要加快新疆准噶尔、塔里木、吐哈盆地以及陕甘宁油气田开发工作，以使其发挥更大的效率。

二是实现内涵发展与规模扩张的动态结合。重点对兰州、玉门、克拉玛依等老基地和骨干企业进行改造，更新技术装备，使其生产规模与新油田供给能力的扩大相适应；同时，要进行油气开发、石油加工等大中型项目及输油（气）管线的建设，新建项目必须具有较高的技术水平和规模经济水平。

三是把区域分工与产业分工有机地结合起来，形成跨省区的油气资源开发、输送、炼制、加工和深加工的石油化工产业网络。

四是发展油化纤一体化与各类下游产业的产业关联。建立石油加工—石油化工、化纤—精细化工一条龙生产体系，并改善石油化工原材料的产品结构，带动塑料、橡胶、纺织、医药等工业的发展，重点发展化肥、农药、农用薄膜等支农产品，形成综合性的产业体系和产品结构体系。

除了石油化学工业外，以非金属矿产资源为原料的化学工业在西部地区有着良好的发展基础，有的已经形成了产品或产业优势。例如酸、碱等基础化工原料工业，以及以青海盐湖资源为依托的盐化工。酸、碱等基础化工原料的生产，与冶金工业特别是有色冶金工业的资源相关程度高，宜于作为关联产业而发展。盐化工的发展重点是对钾盐、镁盐的开发和生产，应在强化技术储备的基础上，建立工业生产体系。

四、西北地区加工业发展方向与重点

（一）西北地区加工业的发展方向

加工业包括轻工业和重工业中的加工工业。在轻工业中，又分为以农产品为原料和以非农产品为原料两个大类。加工业按其产品在社会和再生产过程中的作用，又可分为投资类产品加工制造业和消费类产品加工制造业。前者为资源开发提供技术装备，形成使资源进入物质生产过程的技术手段；后者主要对生产过程中后向产业的原材料和初级产品进行深度和广度上的再加工，通过一系列的迂回环节，制成消费品，进入消费品市场。因此，加工业是社会生产和再生产进程得以持续的重要环节。

与全国和东部发达地区相比，西北地区加工业具有如下特点：

一是投资类加工业占的比重大，比全国平均高出12.06个百分点。

二是消费加工业占的比重小，无论以非农产品为原料的消费类加工业，还是以农产品为原料的加工业占的比重均低于东部地区。

三是空间分布上的严重不均衡。例如在西北地区中，仅陕西的加工业总产值，就占西北地区加工业的51%以上，其他各省区依次为甘肃20.17%，新疆17.32%，宁夏5.79%，青海5.25%，这一特征，也是西北各省区经济发展水平的反映。

从加工业在西北地区开发与开放中的战略地位出发，综合考虑其发展面临的机遇与挑战、有利条件与约束和障碍；以及加工业各行业的基础与现状，应强化资源基础，改善产品结构，推动产业关联，开发重点市场，以如下几个方面为发展方向：

一是要充分利用两类资源，即工业原材料资源和农牧业资源。

二是要提高投资类加工业为能源、原材料工业和消费类加工业提供技术装备的能力。

三是要实现消费类加工业与原材料工业和农业在生产环节上的衔接。

四是发展集团化、综合化的产业组织。

五是实施“一个半重点”的市场开发策略，即在国内市场开发中，以西部市场为重点，以中、东部市场为半个重点；在国内、国际市场的开发中，以国内市场为重点，以国际市场为半个重点；在国际市场开发中，以边外国际市场为重点，以海外国际市场为半个重点；在市场区位选择上，以中低层次的市场区位为重点，以高层次的市场区位为半个重点。

(二) 西北地区加工业的发展重点

西北地区在投资类加工业中，应选择以机械工业为发展重点，在消费类加工业中，应以纺织、食品、日用化工等行业为重点。

1. 机械工业

机械工业是西部地区投资类加工业的主体。近年来，西北地区的发展速度还比不上东部地区，差距进一步拉大。尽管如此，西北地区机械工业的部分行业，也形成了一定的比较优势。例如，西北地区交通运输机械制造业、电子通讯设备制造业、精密仪器仪表制造业在全国机械工业中占有十分重要的地位。同时，也有一批在全国具有优势的产品，其中既有如高压输变电设备、石油化工机械设备等投资类产品，也有如洗衣机、电冰箱、彩色电视机等消费类产品。这些优势行业和优势产品，一方面表明西北地区机械工业已经有了一定的为国民经济和区域经济发展提供较为先进的技术装备的能力，另一方面也说明其产品结构已经出现了向与消费品市场结构相耦合的发展趋势。这两个方面构成了技术装备需求和消费品需求对西北地区机械工业发展的双重导向。根据这种双重导向，西北地区机械工业的发展方向和重点，主要包括以下几个方面：

一是促进自身的技术进步。西北地区机械工业技术装备老化的问题比较突出，特别是“一五”和三线建设时期建成的老企业，技术更新比较缓慢，使这些企业原有的技术优势趋于衰落。这种状况很不适应为国民经济各部门的发展和技术改造提供先进、精良的技术装备的任务和要求。因此，西北地区机械工业应顺应工业技术发展的新趋势，用数控机床、微机应用技术、机电仪一体化等高新技术，更新过时的技术和装备，以保持自身技术进步的超前性，保证产品的高质量和高技术水平。

二是发展专业化协作。机械工业是工业化过程中专业化协作发展最早的产业。但西北地区的机械工业，却由于种种原因，专业化协作水平比较低，还未形成合理的专业化分工和协作体系。因此，西北地区应逐步把现有的机械工业纳入专业化协作发展的轨道。在使已经形成的企业集团向成熟化发展的同时，要以发展优势产品为核心，打破地区、部门和行业界限，以西安、兰州两大基地为中心，组建产业关联广泛的综合性生产体系。例如，以工艺专业化为基础，发展轴承、铸锻件、机床电器等基础件生产企业集团；以产品专业化为基础，发展以石化设备、高压超高压输变电设备、飞机制造、专用汽车制造、矿山机械等优势产品生产为核心的企业集团，提高机械工业的专业化、大规模、集中化生产的程度和水平。

三是改善产品结构。在为能源、矿产资源开发提供先进技术装备的同时，还要致力于发展消费类加工业所需要的技术装备的生产和制造，提高成套设备的制造能力，开发新型的装备。如沙漠和海洋石油钻机、大型和超大型石油炼化装置、超高压交直流输变电设备、各类轻工产品生产线等。同时，要在已经形成的消费品生产能力的基础上，增加新的品种和规格，加速产品的更新换代，以适应市场对机械类消费品多样化、多层次的需求，并利用陇海—兰新亚欧大陆桥开通的有利条件和契机，及时汇入东进、西出的外向型产业体系中。

2. 纺织工业

西北地区的纺织工业是消费类加工业的主体产业。在以农产品为原料的加工业中，由于依托关中和新疆两大产棉区以及西北牧区，形成了资源基础最为雄厚的棉纺和毛纺两大生产体系。

重振西北地区纺织工业，一是要对以西安、咸阳、宝鸡为中心的棉纺工业基地进行技术改造，增强这些老基地的新产品开发能力；同时，要以兰州、乌鲁木齐、银川为基地或中心，发展技术先进、工艺生产过程完备的毛纺工业生产体系，形成东棉西毛的生产格局。二是强化原料基础。强化关中棉花基地、新疆长城棉基地以及甘、青、新三省区牧区的羊毛生产基地的建设，增加原料，特别是优质原料（如长城绒棉、细毛羊毛）面向各省、区纺织工业的供应量。同时，要利用区域内的化纤生产能力，扩大化纤在原料结构中的比重；发展麻类生产，建立麻类生产基地；在区域内亚热带的秦山巴区发展蚕桑，使原料结构多元化，为发展适销对路的纺织品提供原料支持。三是改善产品结构，适应市场不断变化的需要。一方面，要增强生产过程中的工艺替代能力，及时以新工艺替代老工艺（如微机程序控制工艺的应用推广），或以市场适销的产品制造工艺替代原有工艺（如棉、毛、化纤、麻、丝等原料的混纺），以增强对纺织品市场的应变能力。四是要发展服装与缝纫工业。20 世纪 90 年代初，西北地区纺织工业按总产值计算的加工度为 0.15，仅为全国平均水平的 70%左右，这种状况至今没有根本的变化，说明服装缝纫工业发展不足。因此，应通过发展服装缝纫工业，增加对纺织工业的需求拉力。除了上述几个方面以外，开拓国内、国际市场，是西北地区纺织工业的重要目标，特别是把纺织工业推向国际市场，应作为西北地区发展外向型产业体系的重要内容。

需要指出的是，一种观点认为，纺织工业作为传统产业，其衰落之势难以遏止。纺织工业在一个国家或一个地区走向现代化的进程中，可能会出现在现代经济中份额相对下降的趋势，但这并不意味着其绝对额的下降。更何况，中国的工业化进程刚刚进入一个新的发展阶段，在由温饱向小康过渡的阶段，穿的比重在居民的消费中仍占有相当比重，这是纺织工业在这一时期仍能得到发展的原因。导致西北地区纺织工业发展萎缩的深层原因是复杂的，但与工业化向现代化的推进过程并无直接关系。在西北地区，即使是经济比较发达的陕西，工业化水平仍然比较低，尚不足以成为导致其纺织工业萎缩的产业结构变动方面的主导因素。因此纺织工业在西北地区作为加工业中的重点产业，仍有可能而且有必要得到长足的发展。当然，要使西北地区的纺织工业获得复兴，应重点进行产品结构的调整。从后向环节来看，要解决原料（重点是毛、棉）的供给问题；从前向环节来看，要解决产品结构与市场需求结构相适应的问题。从这两个方面入手，提高纺织工业的生产技术水平，增加花色品种，增强在全国的竞争能力，就能为西北地区纺织业的重新振兴奠定条件和基础。

3. 食品工业

食品工业是西北地区以农产品为原料的加工业中原料来源最为广泛的行业。随着人民生活水平的提高，对食品的消费向新鲜、营养、精美的方向倾斜。相比之下，西北地区食品工业的名优产品数量、品种都比较少，市场竞争能力弱，食品市场为“珠江水、广东粮”所充斥。抑制西北地区食品工业发展的因素有二：一是原料供应不足，二是加工技术水平低。解决前者，需要开辟原料基地，特别是对能形成独占性生产的原料，要进行商品性开发；解决后者，则要用新技术去改造现有食品工业，提高产品的档次，发展适应多层次需求的产品结构，例如面向儿童和老年人的营养食品；面向中东穆斯林国家的清真食品等。总之，发展独占性产品，是西北地区食品工业扩展市场的根本途径，要同农牧业的产业化结合起来，加快发展。

4. 日用化工工业

日用化工工业是西北地区以非农产品为原料的加工业的重要组成部分。它作为原材料工业的下游产业，其原料基础也比较好。这类工业包括日用化学品制造业以及橡胶、塑料等制品。在现阶段，这类工业在西北地区尚未得到应有的发展。上述的西北地区原材料产品在区域内的加工程度低，其原因之一，就是这类工业生产技术水平比较落后。日用化工工业市场潜力比较大。

总之，发展西北地区的加工业，是使其产业结构适度轻型化并向高级化发展的重要方面。只有提高产品的市场竞争能力，西北地区才能获得真正的比较利益，也才能使其实现合理配置资源和提高资源转换效率这一重要目标。因此，除了大力发展现有的几项优势加工业以外，还要重点开拓高技术领域，发展计算机软件、生物制药等产业。

五、资源型产业与加工型产业的联系与协调

我国资源产品产地和其消费地区严重错位，资源富集地区远离加工业地区，资源需求和资源供给受地域阻隔，是制约地区资源开发的一个极重要因素。连接资源产需的唯一纽带是交通，而我国交通运输状况很差，尤其是西北内陆地区，交通闭塞，运力不足，因此发展交通事业是促进西北资源开发和经济技术协作的基础。黄土高原为群山所包围，交通闭塞、开辟煤炭外运通道就成为开发的关键，除续建大秦铁路外，要尽快修筑晋陕蒙交界地区煤炭运输通道。另外要抓紧南昆、内昆中段等铁路干线建设以及兰新、陇海东、成昆等干线的技术改造，全面实现双轨化和电气化。

除了改善交通和基础设施环境外，在资源型产业地发展加工型产业，就地加工是一条很好的思路，在此，一定要注意避免“小而全”“大而全”，要做到分工协作高级化发展，避免重复建设。资源型产业只有与加工型产业联合协调发展，才能促进西北经济的良性快速发展。此外，资源开发还需要解决供水、供电、信息传输、职工生活等基础设施问题。交通设施和基础产业都需要大量投资，过去资源开发只靠国家，资金来源渠道单一，建设速度慢。改善资源开发和地区协作的交通条件，应遵循我国经济体制改革的方向，坚持谁投资谁受益，通过多种渠道筹措资金。一是国家强化投资，二是地方增加投入，三是引进国外资金，进行联合开发。

第四节　市场发育水平与市场潜力

一、西北地区市场发育状况

地区市场是衡量地区商品经济发育水平的重要尺度。西北地区经济

发展的总体水平较低，表现为区域商品经济发育程度较低，集中地体现在区域市场体系不够健全和市场机制的相对薄弱上。只有在体制改革过程中，西北地区市场才走上了重构与再造的轨道。当前，西北地区在经济发展中，如何培植并完善市场机制和培育区域市场，如何通过经济体制改革来实现市场经济的转轨运行，挖掘市场潜力，建立比较完整的区域市场体系，是一个值得探讨的重要课题。

（一）市场规模扩大化

中华人民共和国成立70多年来，西北地区市场规模经历了一个由小到大的逐步扩增过程，尤以改革以来的扩张速度最快，商品经济与市场机制的同步发育特征也最为显著。

（二）市场主体多元化

西北地区市场的所有制形式也同全国一样，在改革的十余年中发生了巨大变化，由国营、集体（供销社、公私合营型城镇集体所有制）公有制一家独占的旧格局，改变为以公有制为主体，个体、私营、合资等所有制并存的新格局。同时，所有权与经营权适当分离，出现了经营承包、租赁等多种经营方式。少数长期亏损的国营小商业企业经改制，变国营为集体或私人所有。所有制结构与经营形式的改革，使商业企业成为独立经营、自负盈亏的商品经营实体，减少了行政干预，扩大了企业自主权，使市场机制的作用更能充分发挥，更具有活力。

（三）市场结构规范化

改革开放前，西北地区市场流通的实体主要是生活消费型商品和小型生产资料。改革开放以来，随着生活消费型商品流通规模的扩大，生产资料市场也相继在五省区大中城市出现，如钢材市场、汽车市场、木材市场等，一些原来由国家统配的物资逐步进入市场。改革使西北地区市场结构趋于复杂。其主要表现为市场结构逐渐向规范化市场过渡，或者说，出现了规范化市场所要求的结构性特征，同时产生着多种市场功能，以适应通过计划和市场双重调控来实行有限资源的合理配置这一地区经济发展和实现经济体制改革的目标。具体地讲，有以下几个方面：

（1）初步形成了以五省区省会（首府）和地、州政府所在地为中心，城乡通达的市场网络，特别是城乡集市贸易市场的出现，使传统的流通结构和功能发生了重大变化。之后西北各省区各种城乡贸易市场迅速发展，已与国有商业企业一起，成为商品流通的主要渠道。

(2) 非实物流通的市场和生产资料市场、劳务市场等要素市场的出现，填补了长期以来西北地区市场结构的空白。尽管生产资料市场、技术市场、资金市场、人才市场、信息市场、房地产市场这些新的市场形式仅在五省区的省会城市或中等城市出现，并且规模甚小，有的仅是雏形，却显示出西北地区市场发育已进入一个新的结构创新阶段。

(3) 特色市场的兴起，为西北地区商品经济的发展注入新的活力，并在形成地区性支柱经济、拳头产品等方面起着催化作用。譬如，宁夏的大米、皮毛市场，西安、临潼的旅游产品市场，甘肃省临夏州的皮毛市场，岷县的药材市场，甘谷的服装市场，临洮的地毯市场，新疆的羊毛交易市场、民族特需商品市场等。这些专业批发、零售市场，在市场功能专门化及形成专项商品积聚、交流中心等方面起了先导作用。

(4) 市场体系的建立过程，同整个地区经济结构和经济组织结构的再造密切结合起来，出现了多种形式的生产、科技、流通联合体，以及流通领域内部的多形式联合。这种市场渗透现象表明，西北地区市场发育已经步入社会化进程，尤其是新的市场组织的生成，显示其自身已具备了一定的横向扩张能力。

(5) 西北地区市场逐渐向区外乃至国际市场发展。市场空间由多民族地区和我国西北边境区的位移与扩展，不仅弥补了西北边远地区市场的结构性缺损，而且对加快这些地区的发展，以边贸、民贸带动地区经济的振兴，以致实现社会、政治稳定和民族团结，都有非常重要的意义。

二、西北地区市场的特点

现代商品经济下的市场体系，应该包括三个构成部分：一是市场主体，即独立自主的商品生产者、经营者和消费者，他们必须是自主经营、自负盈亏、自求发展和自我约束的市场主体；二是市场客体，它是市场主体运行的基础条件，是由各类市场相互联系、相互制约而形成的一个完整而统一的市场网络；三是市场的调节和控制体系，主要是政府通过经济手段、法律手段和必要的行政手段，建立市场经济运行的准则，规范各类市场的运行，约束市场主体的行为，保证市场运行的有序化。独立自主的市场主体是基础，政府对市场的合理调控是必备的条件，而关键是建立一个健全和完善的市场网络。市场网络是相互联系的各类市场的有机统一体，亦称市场体系，它不仅包括消费品和生产资料等商品市场，而且还包括资本市场、劳动力市场、技术市场、信息市场、房地产市场以及市场中介组织等生产要素市场。从西北地区市场发展情况看，总体发育水平较低，市场网络未形成，居民购买力不高，市场管理不规范，其主要表现为以下几点。

（一）市场发展不平衡，市场功能没有充分发挥

在西北一般市场相对发达，要素市场发展滞后；城市市场较发达，农村市场滞后。从市场功能的发挥情况看，完善的市场应是连接生产和消费的桥梁和纽带。东部发达地区的市场建设，一般都能结合当地主导产业的生产，成为当地产业辐射全国的强大“龙头”，能促使当地生产商品化、专业化和规模化，而西北地区的市场建设恰恰没有做到这一点。

（二）生产资料市场需求疲软

西北地区许多生产企业处于半停顿状态，作为村镇规划和开发小城镇建设的固定资产投资规模较小，城市房地产市场启动缓慢，有形市场和无形市场的发展相互配套不均衡。要刺激生产资料市场的有效需求，才能使整个市场有机运转，因此，对于高投入的基础产业、资源产业、支柱产业、主导产业，要保证资金的有效供给，继续形成资本、技术与资金的合理组合，焕发企业生机。

（三）生产资料市场和农副产品市场发展潜力大

由于需求不足，生产资料市场发展缓慢，农副产品市场投入少，规模小。也正因为如此，生产资料市场和农副产品市场建设在西北地区具有很大的发展空间。其发展的方向主要在于：建立主要产品的统一交易

中心，使交易过程相对集中，形成统一的价格体系，使未来的价格走势显现出来，真正发挥引导生产和消费的功能。

(四) 要素市场呈零星萌芽式发展

在西北地区，经济发展水平低，要素投资回报率低，要素市场的形成和发展受到很大限制，如金融市场、房地产市场、技术信息市场等，再加上政府政策不开放、不配套，欠发达地区大部分人的就业观念比较落后，社会保险开发程度低等原因，劳动力市场、产权交易市场等要素市场的发展存在技术性障碍。这些要素市场在西北地区虽然已有零星萌芽式的发展，但离真正发挥带动当地生产的功能要求还相差很远。

三、西北地区市场发育的障碍

西北地区市场发育的主要障碍来自经济发展水平的限制、自然禀赋条件的制约以及新旧体制并存时期的体制约束。

(一) 生产力水平的牵制

西北地区市场的发育现状表明，传统商品市场、原材料型资源市场相对发达，而新兴市场如金融市场、技术市场、房地产市场则相对弱小。这与西北地区的资源型加工产业相对发达、区域性特色商品生产独具优势以及资金短缺、投资需求弱、技术及房地产需求不旺密切相关。以目前的金融市场特别是证券市场而言，国库券作为西北地区证券发行交易的主要对象，占有绝大比重，地方政府和企业债券、金融债券则比重甚小；而且债券交易场所少、交易量小，债券发行、交易不规范，纯属集资性质。这些都在一定程度上表明了西北地区经济的相对落后与市场发育滞后的高度对称性。

(二) 自然条件的限制

西北地区地域辽阔而地理封闭，相对来讲，交通不便，信息不灵，导致市场扩大受到流通手段与媒介的限制，因而市场规模多以地区范围为界，难以形成商流、物流积聚中心，边远山区、牧区尤甚。

(三) 旧体制和小农意识的制约

首先，主要表现为各种要素市场因条块分割的体制屏障尚未拆除，难以承担横向流动的功能，往往导致市场交易成本的人为加大；其次，由于供给不足及地区利益强化等原因，对某些商品实行地区封锁，设立关卡，限制或禁止出入省界的现象屡次发生，从而使地区市场处于一种半开放、半封闭状态。

为了加快西北地区市场体系建设，发挥市场调节在地区经济发展中的作用，一要大力发展商品生产，增加有效供给，启动市场，并以流通促生产；二要加强基础设施建设，特别是交通、邮电、仓储、市场场点等建设；三要深化体制改革，使流通体制改革与其他相关改革配套进行。这样，西北地区市场才能逐步完善起来，并进而成为全国统一市场中不可忽视的组成部分。

四、西北地区市场格局和市场潜力

（一）西北农村市场格局与潜力

西北的广大市场在农村，同东部相比，西北农村比重大，城市化程度低。全国 290 万人以上大中城市的 65％集中在东部。在交通、邮电基础设施上，西北明显滞后于东部。因此，西北地区开拓市场的着眼点首先在于农村。

西北地区的农村不仅地域广、市场大，而且市场活跃，农村居民购买力呈上升趋势，农民的消费水平虽然比城市居民低，但有消费热点。农民收入每增长一个百分点，农民消费品零售市场就大体增长 1.18 个百分点。在西北地区率先启动农村市场，推动农村市场化，农副产品商品化，农村集镇城市化，不仅符合国情，而且符合区情。西北地区农村市场存在的主要问题是：农村市场投资不足，市场发育和市场体系残缺不全；政府对农村市场开发力度不够，农村市场上的农业生产资料质量、品种问题较多，价格波动较大；农村市场管理收费缺乏约束，商品流转运输中设卡较多，农村市场的总体是在低层次上营运，可开拓的市场潜力巨大。

农村市场的启动和发展，要求扩大市场规模，可以集资建立一批城乡结合地带的具有一定规模的批发市场，“引商入市”“推货出境”，活跃农村市场，切实解决农民的“买难”与“卖难”问题；改革农村商品流通体制，建立工农商联合体，实施产、供、销服务一条龙，在把粮棉推向市场的同时，对粮棉实施保护价收购和风险储备制度。要建构稳定、完善、流动的农村土地制度，把农村土地纳入市场，以市场为导向，加大力度调整农村产业结构，鼓励生产要素合理流动组合，实施科技兴农发展乡镇企业，以工补农，建立健全农村批发集散市场。

（二）西北城市市场格局与潜力

西北地区推进市场化进程的最大难点在于城市的商品市场。西北地区的城市同发达地区相比，普遍存在城市规模偏小、城市功能较弱等问题，很难在区域市场中发挥核心动力作用；城市结构单一，多数属工矿性城市，发展活力不够，竞争能力差，城市企业中大中型国营企业占到70%，国家税收中国有企业上缴税利占70%，而且普遍存在着企业经济效益差，亏损严重，投入不足，缺乏发展后劲，企业内部缺乏竞争和约束机制等问题。西部大开发战略的实施有赖于经济龙头的城市经济的较大发展。在科学技术成为第一生产力的条件下，经济的增长必然是城市增长推动型。振兴城市经济，是西部开发进程的关键。

加快城市经济发展，使城市经济全方位市场化，就必须依托新生产力（科技化、综合化、一体化和国际化），实现城市经济增长方式的转变，充分发挥城市教育、科研人才优势，实现教育产业化、高科技产业化、人才流动市场化，提高经济增长和科技含量，充分发挥市场作用调整城市结构，以市场机制来调节资源配置，突出优势产业，实施名牌战略，超前发展经济效益高的新技术产业群，依托中心城市，建立经济区网络，加速第三产业发展。因此，在推进城市商品市场化进程中，西北地区在经受着西北地区农村市场迅速发展的刺激和东部发达地区商品市场潮的压力的同时，其发展潜能也是巨大的。

（三）资本市场的开拓与发展

资本市场是一国经济的重要组成部分，也是一国经济发展到一定阶段的产物，任何国家证券市场的发展水平都受制于该国经济发达程度，一个地区也不例外。长期以来，由于西北的经济发展水平落后于东部，其证券市场——资本市场的最主要方面发展也滞后于东部。

从上市公司数量看，西北地区占比小，与西部的国企总数、地域、人口极不相称。近几年，西部上市公司增长较快，增长幅度超过全国平均水平，体现了国家对西部的扶持政策，同时也反映了中西部国有企业改革力度的加大和市场化进程的加速。从资产规模分析，东西部上市公司资产规模相差更加悬殊。从行业分布看，西部上市公司主要以工业、商业、农业等传统行业为主，又多偏重于化工、冶金、机械、建材、钢铁、汽车配件、医药、旅游等行业，并且国有大中型企业所占比重较大，而科技含量高的高新技术产业如电子信息、生物医药、计算机、网络等所占比例较小。整个大西部板块个股与其他地区个股相比，技术创新能力弱，主导产品的科技含量较低，附加值较少。从经营业绩看，西部上市公司经营业绩普遍不佳，盈利能力较低。从中介机构看，西部证券市场中介机构的发展整体水平较低。

加快西部证券市场的发展，已经成为发展西部经济、开拓西部市场亟待解决的一大课题，根据对西部证券市场的分析，未来西部证券市场发展的方向应当是：加大新股发行额度向西部倾斜的力度，提高上市公司资产规模，优化上市公司结构，推动企业资产重组，提高企业盈利水平，依托优势力量，成立区域性证券公司和信托投资公司。在西部大开发的背景下，中央政府和东部地区必将加大支持和参与拓展西部资本市场的力度，促使西部资本市场成长壮大。

(四) 对内对外开放的市场潜力

拓展西部地区市场主要有以下制约因素：自然地理较为封闭，开放力度较差，传统体制束缚较深，改革步伐迟缓；基础产业薄弱，抗御自然灾害的能力差，工业产业结构老化、品种单一，资源产业比重大、层次低，整体经济结构失衡、关联度差；贫困地区连片，人均生活水平低、文化素质差等。要根本改变这种状况，只有通过深化改革，大力推进市场化进程，首先要发展陇海—兰新经济带，激活西部市场大通道。

陇海—兰新经济带地处我国中部，地域辽阔，人口众多，资源丰富，交通发达，从东到西横贯东部发达地带、中部次发达地带和西部欠发达地带，是西部大开发的主要通道，也是开拓西部市场的首要通道。激活陇海—兰新经济带具有十分重大的意义，也有十分有利的条件。它北靠京、津、鲁发达区，南向长江经济带，东西两口都处于对外开放的前沿，便于开拓国内和国际两个市场，从而使陕西、甘肃、青海、宁夏以及河南等省区前后出击，左右开弓。现有的工农业生产已具备相当的规模和基础，西安、兰州、西宁、银川、乌鲁木齐等大中型城市，已形成工业、科技、人才、矿产开发等比较雄厚的物质技术基础，随着交通、通信和其他基础设施的全面建设，西北地区丰富的资源正在得到有效的开发。如果决策及时，引导适当，西北地区将以陇海—兰新经济带为轴心，形成对内对外全面开放，与国际国内市场全面接轨的新格局。

建设陇海—兰新经济带，关键是在充分争取和依靠国家政策支持的条件下，加强各省区特别是大中型城市之间的协作与联合。陇海—兰新经济带可以经济发达程度建成三个协作体系，形成该经济带全方位、高层次、多渠道的大联合。陇海—兰新经济带沿线已有 14 个大中型城市，还有几十个小城市，应以此为依托，建立和完善相对独立的经济小区，如西安经济区、宝鸡经济区、天水经济区、河西走廊经济区、西宁经济区、银川经济区、天山经济区、伊犁经济区以及淮海、开封、洛阳等经济区，促使整个经济带内部行业协作、物资交流、资金融通、人才流动、优势互补、形成网络。

产业协作和经济联合是这种协作的最重要的经济形式。西部地区的主要优势是能源矿产丰富，广泛分布着以煤炭、石油、天然气、电力、有色金属为主干的工业群体。西北各省区应从实际出发，制定切实可行的发展规划，确定双方都有利的开发项目，大量吸引东部地区的资金、技术和人才，促进经济和社会发展的全面振兴。这样，陇海—兰新经济带就会成为西北地区拓展市场以至整个经济的纽带和彩虹。

五、加强西北市场体系建设的目标和对策

与新的开放格局相适应，西北地区市场体系的建设应从两个方面入手。一是加强以地区、国内市场为目标的市场建设；另一个是加强以国

际市场，特别是以西亚和独联体国家为贸易对象的市场构建。国内市场与国际市场互补的市场结构，将会有力地提高西北地区整体市场发育水平。

（一）西北地区市场建设的目标

西北地区市场建设的目标有两个，即市场结构的完善和市场运行规范化。前者着重围绕补缺点和强化优点展开，后者主要是市场秩序、规则的建立并在加强市场管理中实施。

1. 消费市场体系的完善仍是地区市场建设的重点

这里重点应强化的是乡村集贸市场。除了巩固、扩大传统社区贸易核心集市外，还应根据区位、农民习惯和农业发展状况，扩展一批小集市和兴建一批集市点，使之与供销、合作、私人商业网点联结，共同构建农村市场体系。其中，补缺型网点建设应放在牧区、山区等地区。这些地区交通不便，群众生活不便，应适当结合这些地区的开发建设、基础设施建设，将商业网点的建设结合起来，统一规划、同步进行，以解决那里的群众卖粮难、卖菜难、卖农副产品难的问题。

2. 完善专营生产资料市场

西北地区生产资料市场建设的重点，一是扩大具有优势的生产资料市场，如钢材市场，铝、铅、锌、硅、铁等有色金属市场，机电、机床市场等。但劣势生产资料市场如木材市场应严格控制。二是加强农业生产资料市场，强化其功能，扩大交易场点，制定专营规则，实行政府控制下的专营管理。生产资料市场建设，将对西北地区外生产要素的迁移、流转及转化为现实生产力起调节作用。已建成的各类生产资料市场，要继续保持规模，建立规范，守法经营，为地区物资流通扩大渠道、提供信息，推动生产要素流通。

3. 建立农产品期货交易中心

可先在西安、兰州、银川、乌鲁木齐、喀什等地率先试点，建成一级期货批发枢纽，取得经验后，再在宝鸡、汉中、天水、张掖、武威、吐鲁番、石河子、伊宁等地建立二级期货批发交易中心。这些批发交易中心具有双重功能，既为国内市场开展蔬菜、瓜果、粮食、药材的期货、现货交易，又为出口创汇提供优质农产品货源。

4. 建立金融市场

以各省会（首府）城市为依托，建立西北地区金融中心，并逐步联网运行。西北地区金融中心的建设，要在国家宏观金融体制改革的总体部署下稳步推进。近期重点是发展短期资金市场，并整顿金融秩序，纠正行业不正之风。短期资金市场的主要业务，是发展商业信用和货币信用，实现商业信用票据化、票据流通化和短期债券多样化，将企业拉入金融市场；同时开展贴现、抵押及短期证券买卖业务。在此基础上，着力发展经营各种股票、债券的证券市场，包括一级（发行）市场和二级（流通）市场，进行相应的机构建设，为建立长期资金市场做准备。

5. 发展劳务市场

西北地区的劳务市场包括高、中、低三个层次。高级劳务市场以具有中级以上技术职称的科技、教学、医务、建筑、工程技术人员为主体。其流向主要在西北地区，重点是农牧区、乡镇企业。开展短期合同、承包性质的科技劳务服务。中档劳务市场主要以具有专业技能的工人为主体，现时流向和未来流向都具有跨区域特点，存在着向经济特区、中东、独联体等国家和地区流动的倾向。随着对外开放的扩大，这部分劳务空间也会扩大，有可能成为西北地区劳务输出的重点地区。低级劳务市场主要是农村种养业游离出来的有初级技能的或者体力型的农民，主要在西北地区流动，但在流向选择上具有明显的收益梯度，即由低收入区流向较高收入区。

6. 发展软件市场

这里的软件市场主要是指技术、管理、信息市场。西部通道不仅是物质商品的流通渠道，也是非实物商品的流通渠道，应依托西安、兰州科技力量集中、高校集中、人才济济的优势，发挥中央科研机构、大企业和大专院校的智力开发功能，建立西北地区的科技、情报、信息、计算机软件、管理技术市场。今后应以长期性的专业技术市场为建设重点，加强同全国其他省区和国外实行多样信息联机联网，并从无偿、低偿服务转向交易服务。要着力于本地“永久牌”人才的培养，也要积极地从外地特别是从中小城市引进一些“候鸟型”专门特殊人才。

（二）启动西北地区市场的对策

西北地区经济发展如何解决宏观紧缩过程中的市场疲软问题，是一个需要认真研讨的发展与改革的重要课题，启动西北地区市场的主要对策如下：

第一，以企业内部改革和管理科学化为主线，完善规范化经营承包，加快企业技术改造，提高经济效益，调整产品结构，提高产品质量和适销率，增加工业制成品的有效供给，以增产增效促流通。

第二，在保持工业和乡镇企业一定的增长速度的同时，进行选择性扩大再生产，以增加就业机会，提高地区总体的购买力。西北地区应以资源型产业开发为重点，煤炭采掘、石油开采、水电能源、有色金属、农业土特产加工、环境保护等都是投资倾斜产业。建设投资来源除列入国家重点计划的项目外，地方也可以匹配资金的方式投入部分财力，同时，应尽快形成将民间储蓄转化为再投资的畅通机制。特别要鼓励和吸引外地、外国资金，进行联合开发，通过扩大产业发展，带动市场及其他产业的兴起，从而产生增加有效供给总量和提高有支付能力的需求两个效应，进而拉动市场。

第三，把开拓农村市场作为启动地区市场的重点。西北地区农村市场广阔，潜力很大。要采取工业品下乡，农副产品进城，城市商业送货下乡、进牧区、山区等方式，发挥国营、供销社商业的主渠道作用。要适应农村市场规模和农民消费品、农户家庭经营所需工业物资的需求，组织货源下农区。同时，要开辟农产品、矿产品期货市场，提高交易层次。商业部门还可采取展销会、有奖销售、质量跟踪、售后服务等方式，进行经营改革，实行薄利多销，刺激消费。

第二章

西北地区水、土资源开发

第一节　西北地区水资源开发利用

一、西北地区水资源的基本特点

(一) 水资源量少，是西北地区的紧缺资源

陕、甘、宁、青、新五省区国土面积约占全国面积的 1/3，而水资源总量仅为全国的 9.95%，多年平均径流深和地表径流总量均居全国各大区之末。按国土面积平均每平方千米产水不足 7 万 m^3，为全国平均值的 1/4，水资源紧缺是制约西北地区国民经济发展的重要因素。

(二) 水资源地域分布不均衡

在水源发达和资源相对丰富的地方，土地较少，而在需集中灌溉的地区又缺少水资源。前者如甘肃的陇南山区、青海西南部，后者如甘肃河西地区、青海湟水流域、柴达木盆地等地区。就西北整体看，水资源从东南到西北递减，山区多而平原少，盆地四周山区多而盆地中间少(新疆“三山夹两盆”地形即为这种分布)。各省大致分布情况是：陕西南部多北部少；陕南径流深，一般 300～500mm；米仓山区最高达 1200mm；陕北一般为 25～50mm。甘肃从东到西以六盘山—西秦岭—祁连山为界，其南为丰水区，其北为贫水区。宁夏也是南部多，北部少，山区多，平原台地少，年径流深由六盘山东侧 300mm，向北递减至北部银川灌区的 2mm，相差 150 倍，青海东南多，西北少，外流区水源富足，内陆流域水少。新疆西北部大于东南部，山区大于平原。

(三) 径流年际变化大，年内分配不均

西北地区除新疆地表年径流深变化较少、相对稳定外，各省汛期(6～10 月）径流量占全年总流量的 50%～70%，径流与降水的年内分布呈一致性，冬春少，夏秋多，来水和用水期不同步，往往在作物春季需水期缺水，造成农业减产。

西北有高山冰雪融水补给的河流，径流年际变差系数 Cv 值一般在 0.1～0.3 之间，无高山冰雪融水补给的河流 Cv 值在 0.3～0.6 之间。

（四）水资源分布与其他资源分布不匹配，加大了资源开发难度

西北地区矿产、能源资源丰富，不少矿种储量居全国第一，但水资源的分布与土地及石油、天然气、煤炭、稀有金属等其他矿产资源的分布不匹配，加大了资源开发利用的难度。

新疆塔里木盆地、吐—哈油田石油资源丰富，甘肃河西走廊金昌市有全国储量第一的镍矿，陕西北部与内蒙古接壤地区有世界罕见的天然气田，这几个地区又都是严重缺水的干旱区。石油化工、冶金等均为多耗水工业，也是劳动密集型产业，这些地区日益增长的经济发展已使用水量快速增加，解决这些特需用水问题已引起国家和当地政府高度重视，除了在自然条件和财力物力允许的情况下修建一定规模的调水工程外，只能靠合理开发利用当地水资源，采取综合性节水措施来解决。

（五）大多数地表径流水质较好，大部分河流含泥沙量大

西北地区地表水基本上属于重碳酸盐水，矿化度在 500mg/t 以下，适宜于灌溉、工业和生活用水。局部地区属于硫酸盐水和氯化物水，如宁夏中部大部分地区为矿化度 2～7g/t 的硫酸盐及氯化物水。地下水的矿化度一般小于 2g/t，部分地区地下水为矿化度高的苦咸水，如宁夏 2/3 的地区；西北干旱荒漠地区多为高矿化度盐水，如新疆与甘肃河西的内陆河区；甘肃会宁处于黄土高原苦咸水带，地下水矿化度在 2～10g/t 之间，个别地方旱季矿化度多达 70g/t。与高矿化度水相伴生的高氟地下水分布于宁夏苦水河、盐池内陆部分地区以及甘肃民勤部分地区，形成部分氟病区。

西北地区大部分河流含泥沙量大，尤以黄河和各地内陆河为甚。其中，宁夏部分河流平均含沙量达 300kg/m^3，每平方千米输沙模数 5000～10000t/a。

二、西北地区水资源分布概况

(一) 降水分布状况

西北地区中的绝大部分地区处于我国 400mm 等降水线西北一侧，因深居内陆，远离海洋，境内高山阻隔，季风影响弱，降水量显著偏少，气候十分干旱。西北地区年降水量呈自东南向西北递减趋势。西北大多数地区年降水量不足 200mm，如新疆吐鲁番盆地、塔里木盆地、青海柴达木盆地、甘肃河西走廊西部等地，是全国的极干旱地区。蒸发量与降水量呈相反分布趋势。

西北地区可进行雨养农业的半干旱区与干旱、极干旱区的比例为 1∶3，干旱和半干旱是西北的主要特征。大气降水是地表水资源的总补给来源，由于雨量稀少，西北地表径流量只相当于全国总径流量的 9.52%，地下水资源量占全国地下水资源总量的 24.85%，西北地区土地面积约为全国总面积的 30%，水资源总量仅为全国水资源总量的 9.98%。

(二) 地表水资源

西北地区的地表水资源主要分属黄河、长江、澜沧江、额尔齐斯河等外流水系以及塔里木河、伊犁河等内陆水系。我国两条最大的河流黄河、长江均发源于西北地区的青海省。青海省南部大部分地区、甘肃省陇南地区和陕西省南部属长江流域，黄河是西北地区流程最长的河流，流经除新疆以外的四省（区），包括青海东部、甘肃中东部、宁夏西北部和陕西大部分地区。西北是中国主要的内陆河区，内陆河流域面积约占西北总面积的 64%。内陆河主要分布于新疆、甘肃河西地区和青海。其中新疆内陆河径流量占全疆水资源总量的 86%。

(三) 地下水资源

据估算，全球的地下水总量为 400 万 km^2，占淡水资源的 95%，地下水资源是水资源的极重要的组成部分。地下水的补给源主要是大气降水和地表水，高山冰川融化形成的径流也源于大气降水。西北干旱区年降水量在150～500mm以下地区，地下水中降水入渗量较少，地表水和地下水在一定条件下可以相互转化，在西北干旱地区陆河流域，这种转换因其频繁而表现得较为明显，组成独特的河流——含水层系统。

(四) 西北地区的冰川与湖泊

1. 冰川

中国是世界上低纬度山丘冰川最多的国家之一，冰川总面积58522km^2，冰川主要分布于西北各大山系，较为集中地分布于天山、昆仑山。西北地区的冰川分布于新疆、青海、甘肃三省（区），依冰川面积、总储量、年融水量排序为新疆＞青海＞甘肃。冰川融水年径流量是西北水资源的重要组成部分，冰川在干旱区具有多年调节河川径流的作用，对气候变化十分敏感，降水、气温的变化对雪线的移动、冰川运动都会产生影响。

2. 湖泊

西北地区的湖泊主要分布在青海、新疆，共有405个大于1km^2的湖泊，总面积约1.5万km^2，绝大部分湖泊为咸水湖，少部分为盐湖，淡水湖约占1/5，其中博斯腾湖是我国最大的内陆淡水湖，罗布泊是我国内流区最大的咸水迁移湖。青海湖是我国最大的咸水湖。

三、西北地区水资源开发利用中存在的问题

(一) 水资源开发中缺少流域的统筹规划和全局观念

在当前水资源开发中，缺少流域统筹规划，各自为政，只顾眼前，不考虑长远，只重局部和地方利益，轻流域和国家利益的现象较为普遍。表现在各省、市提出调水工程方案时仅考虑到当地受益而很少从全局出发论证工程对全流域和下游造成的影响及负面效应。由于缺少流域统筹规划，河流上游河段调水工程多而集中，引水量过大。据分析，除去输沙用水，黄河每年可供利用水量仅有370亿m^3左右；而沿黄河各省（区）提出2020年需水总量为747亿m^3，超过黄河可供水量1倍以

上。如何合理开发水资源，才能充分发挥水资源的社会、经济、生态效益，保证全流域的供水应引起高度重视。要从全流域考虑，选择水资源开发项目，统筹规划，合理安排，对于大中型调水工程一定要进行全面严格的科学论证，考虑其经济可行性和技术合理性。

（二）水资源利用中缺少流域统一调度与科学管理

西北地区水资源总量和亩均占有量均居全国中、下水平，在水资源有限而需求量日增的情况下，对水资源的开发利用进行统一科学管理尤为重要，这也恰是目前普遍存在的亟待解决的重大问题。

西北地区大大小小的河流大多流经数县乃至数省，由于流域水资源管理机构薄弱，中、上游过量引水，导致下游缺水及断流的现象时有发生，因停水造成工厂停产，损失巨大。河西走廊黑河、石羊河下游水量大减，导致农田停灌、工业减产和绿洲生态急剧恶化；类似情况也出现在新疆塔里木河下游、博斯腾湖等地。遇到流域性的大旱年份问题更为突出。越是干旱，上游用水越多，越往下游灌溉水量越少，直至断流。缺少上、下游用水的统一调度，管理体制分散是造成上述问题的原因。

（三）“重开源，轻节流”的思想较普遍

由于政策导向和国家投资倾向于大中型水利工程，用于小水利及农业节水工程的投入甚少，造成重开源轻节流的思想普遍存在。某些地区节水工程的投入不足全部水利投入的2%。水利专家指出，开源工程（包括跨流域引水工程及兴建调蓄水库）往往投入多，难度大，周期长；而节流工程的投入费用相对较少，且技术简易，收效很快。还应考虑到开源工程对环境生态产生的负效应。“开源与节流并举，近期以节流为主”仍是目前西北水资源开发利用的战略方针。

（四）水资源开发利用程度总体水平低

经过几十年的水利建设，西北地区水资源开发利用率有很大提高，但由于历史形成的巨大差距，当前不少地区水资源开发利用率仍较低，与国内经济发达地区相差更为悬殊，说明西北水资源开发利用程度整体

上仍处于较低水平。如青海现有水库、涝池总库容为2.1248亿m^3，占全省河川径流总量和年供水总量的0.58%和12.79%，青海全省总供水量的近90%是利用地表水，而其中大部分又是无调节供水，每到枯水年即出现旱情，水资源供需求矛盾突出。再如甘肃省虽也兴修了大量蓄水工程，但全省水库实际库容只有21.0亿m^3，仅占全省年径流量的7%，低于全国的平均水平（15%）。若计入刘家峡等四座大中型水电站库容，则总库容达86亿m^2，占全省年径流量的28.8%，现有蓄水工程的供水量仅占地表供水总量的30%，低于全国（54%）的平均水平。各省地下水开发利用程度普遍偏低。

（五）水资源开发利用中浪费、污染严重

对水资源开发利用缺乏科学管理主要表现在：①缺少全面的整体规划，使水资源开发利用不合理、不充分，同时存在盲目开发、重复建设现象，综合效益差。②缺少统一的水资源管理机构，水资源浪费严重。在一些用水集中的城市和工业密集区，以及农业用水高峰期由于缺少水资源统一管理，各自为政，用水无计划、无定额，加剧了水资源的供需矛盾。农业作为用水大户浪费严重，大部分灌区渠系有效利用系数未达到0.5，灌溉技术落后，部分灌区由于大水漫灌，致使地下水位上升，形成渍水，加剧了土壤盐碱化。工业用水多为直流供水，重复利用率低，单位产品耗水量多，工业用水量普遍超标。

随着工业和乡镇企业的发展，“三废”的排放量增加造成了水源污染。如西安市每天有70万t工业废水排入近郊河流，使该地区浅层水体大部分遭受到不同程度的污染。甘肃省水源污染也日趋严重，污染行业主要有石化、冶金、电力、造纸、机械、纺织等。这些行业废水排放量约占全省的79%，兰州市约占全省的57%。另外，农业生产中农药、化肥的施用量逐年增加，其中的有毒成分随着水流渗入地下或排入河道，污染水源。对于水源的污染如仍疏于管理。将会造成实际可用水量下降，加剧水资源供需矛盾。

(六) 现有水利工程维护及配套差

西北地区有不少水利工程修建于 20 世纪 70 年代或更早，设计标准低，配套不完善，水资源开发利用往往仅考虑单一目标，综合利用差，致使工程效益得不到充分发挥。甘肃省水利工程设计灌溉面积 1540 万亩，有效灌溉面积为 1313 万亩，实灌面积 1123 万亩，由于工程老化、水毁、人为破坏等原因，减少了 100 多万亩灌溉面积，全省干支渠衬砌不到 1.5 万 km，田间渠系配套只有 640 万亩，由于水利工程不配套，管理措施不力，长期未能建立良性运行机制，水资源利用效率低。

新疆许多大型灌区缺乏调蓄引控能力，工程设施老化，农田水利设施严重不足。全区水库总库容 58 亿 m^3，已淤积 11 亿 m^3，病险库约占 1/3。各类引水渠首磨损淤积严重，引水能力由原设计 7100m^3/s 下降到 4800m^3/s。全疆农用机井 3 万多眼，完成配套的只有 2.5 万眼，一大批劣质井需要更新。全疆四级渠道共 28 万 km，已采取防渗措施的仅 3.8 万 km。

(七) 工农业用水量不断增加，供需矛盾日趋尖锐

随着国民经济发展，西北地区工、农业生产和城市生活用水增加很快，由于供水不足引起的水荒问题日趋严重。以西安市为例，200 多万城区人口加上庞大的工业生产体系，每日最多需水量已达 103 万 m^3 以上，而实际供水能力仅有 63 万 m^3，日供水缺口为 40 万 m^3。目前供水主要靠抽取灞河、沣河河水和渭河沿岸的地下水。由于水源衰减，水荒严重。市区夏季高峰用水期有 60%的地区水压低，影响 63 万人正常生活，20%的地区经常断水。全市每年约有 200 多家企业因缺水而停产或转产，减少工业产值 50 亿元。缺水使地下水开采大量增加，造成地面大面积沉降，市区最大地面沉降已达到 1370mm。各省（区）均有不少地区农田灌溉用水严重不足，青海省湟水流域缺水量达 2.53 亿 m^3，占全省缺水总量的 60.67%，春旱缺水现象相当严重，导致了农作物大面积减产。由于水资源供需矛盾突出，个别地区之间、上下游之间，各用水部门之间互相争水，甚至酿成纠纷。

（八）水利科研投入不足，水利新技术的引进和科研成果推广有待加强

鉴于水资源问题在西北开发中的重要性和紧迫性，应加强对水利科研的投入，而目前由于对水利科研重视不够，每年投入水利科研课题的经费很少，由于科研人力、物力不足，影响到对水资源开发利用的一些重大课题的深入研究和对国外水利新技术的引进、消化吸收，现有体制也影响到科研成果的推广。

（九）部分地区地下水超采，引起一系列严重后果

西北地区地下水利用总体水平低，但由于水资源分布不均，一些缺水地区过量开采地下水，引起流域生态环境恶化、地下水位下降、地面下沉等一系列严重后果。甘肃河西走廊石羊河是河西三大水系中人口最密集、耕地最集中、水资源开发利用程度最高的一个水系，该流域地下水超采量达3亿多m^3，引起地下水位区域性下降、水质恶化、下游地区植被退化、绿洲萎缩、土地沙漠化等生态环境劣变，由于本身就已十分脆弱的生态环境遭到破坏，再调整恢复十分困难。

从保护水资源，防止水源枯竭出发，应合理适度开采利用地下水，做到开采资源的基本平衡，过量超采地下水，将会破坏整个流域和地区的生态环境，引起整个水循环系统的变化，而深层地下水开采后不易补给，很难恢复。

（十）水土流失严重，加强流域综合治理任重道远

水土流失是西北地区一个老大难问题，由于黄土高原土质松散，植被稀疏，土体在河流冲刷下极易崩解、湿陷而被冲走，加上目前土地结构不尽合理，水土流失一直未得到根治。陕西黄河流域水土流失严重，全省多年平均输沙量达8.4亿t，其中黄河流域就占92.7%，长江流域占7.3%，尤其是黄河流域陕北窟野河、无定河支流，年输沙量多达1.38亿t和0.31亿t，土壤侵蚀模数有的多达3万t/km^2，是全省最高区，也是全国之冠。水土流失严重不仅破坏了生态平衡，而且造成了河

道水库等工程设施淤积，加剧了洪旱灾害。全省平均每年有 1 亿 m^2 的库容被淤积，降低了现有工程的效益。

甘肃省水土流失最严重的地区也分布在黄河流域，全省年输沙总量达 5.79 亿 t，其中黄河流域达 5.18 亿 t，占全省输沙总量的 89.5%，严重水土流失区主要分布在黄河支流泾河、渭河流域大部，祖厉河、洮河、大夏河下游地区，输沙模数达 5000～10000/km^2。陕、甘两省的水土流失面积分别占全省土地面积的 68.3%和 38.4%。宁夏南部黄土高原丘陵区水土流失严重，每年流入黄河的泥沙量约为 1 亿 t。

四、合理开发利用西北地区水资源的对策建议

（一）设立流域水资源管理委员会，统一管理水资源的开发利用

鉴于流域往往地跨数县甚至数省，而水资源利用又涉及国民经济各部门，必须改变现有的分散管理体制，按流域设立统一的水资源管理和分配机构，才能超脱地方和局部利益，打破行业、部门的界限，立足于整体和长远利益，实现对流域上、中、下游的统一规划和管理，科学合理地管水、配水，制定水价并对流域地表地下水进行联合开发，对流域水资源变化和水质进行监测。统一管理水利工程，以保障全流域水资源得到合理的开发利用。

（二）积极慎重地兴建部分跨流域调水工程，解决特需用水和发展用水

西北水资源的地域分布不均，水资源与其他资源的分布不匹配，为解决部分城市、重点经济发展区和农业基地的特需用水（如西安市、甘肃河西金昌市、新疆乌鲁木齐市及部分能源基地、大农业基地），解决各省（区）国民经济发展中长期用水缺口，各省（区）均提出了水资源开发规划，对规划中列入的跨流域调水工程，应组织专家就其技术经济可行性进行充分论证，对调水工程可能造成的环境影响进行评估，并考

虑到当地财力、人力的承受力，有步骤地分期完成。

西北某些地区的一些河流至今未修一座调蓄水库，不能对径流进行季节调节，以解决年内径流分布不均的问题，应多渠道筹集资金，发动群众投资投工，修建调蓄水库。

（三）建立资源节约型国民经济体系，逐步建立节水型社会

水资源并非取之不尽、用之不竭的，珍惜和保护水资源应成为每个公民的自觉意识和行为。要使我国的资源、环境和人口协调持续发展，必须建立资源节约型的国民经济体系，即建立节水型社会和进行集约化经营管理。

建立节水型社会，首要的是节约农业用水。要全面推广高效农业节水技术，将引进国外先进的灌溉技术与当地行之有效的节水经验及措施结合起来，抓好节水灌溉示范区的建设。对大多数灌区而言，要提高渠系利用系数，推广农田地膜覆盖和压沙等减少局部蒸发的措施。大力推广在干旱区行之有效的成熟灌溉技术。为鼓励农民节水，可采取必要的经济措施，如对起码的用水量规定较低的费用，对超标用水收取较高费用；既不过分增加农民负担，又有利于推广节水。

节约工业用水主要是提高水的重复利用率，应通过提高用水和排放废水的费用，促使工厂采用节水设备和工艺。工业用水中有大量用于冷却和其他目的，并不需要具有饮用水的质量，可利用处理过的废水。而工厂最初引用的水量中，大部分可以多次循环使用。国内外经验表明，只有严格的水量定额分配和污染控制要求才能促进企业更有效地节水。

（四）切实抓好水污染防治，严格控制污染水源的新建项目

在抓好广开水源和节水的同时，各级政府和有关主管部门要抓好水资源的保护工作，应采取得力措施保护地面和地下水资源，尤其是保护饮用水资源。在水源地周围建设保护带，可防止水源地的直接污染。在控制工业废水排放的同时，应大力发展生态农业，以减少化肥农药的使用量，减少潜水的污染。严禁再新建污染水资源的项目，要加快对水污染的治理，在污染严重的河段要加强水质监测，对污水处理厂和污水处

理设施也要加强监督管理，保证其正常运行。

(五) 采取积极措施，保护山区水源涵养林，建设风沙防护林

实践证明，山区水源涵养林维护了绿洲生存的命脉，林业是绿洲农业生态系统的重要组成部分。植树造林的功能：一是改善了农业生态环境，二是调整了干旱区局部小气候，三是保护了山区的水资源，而林木本身又是“生产者”，具有经济效益。研究表明：祁连山的云杉林通过林冠层、枯枝落叶层及苔藓层、土壤层可全部涵养山地降水。每公顷森林可贮存降水 1000m^3，10000hm^2 森林相当于一个 100 万 m^3 的小型水库，足见水源涵养林的巨大作用。为使被毁森林得到尽快恢复，目前一些林区采取封山育林措施很有成效且投资少（只相当于人工造林投资的10%），应加以推广。

为保护干旱区天然绿洲，防治沙漠化，应坚持建设防护林带。防风固沙林带、农田防护林网与农田水利建设结合不仅起到防风固沙作用，且减轻了干热风和霜冻，有利于农作物生长，是干旱区人民发展生态农业保护绿洲的成功经验，应坚持下去。

(六) 坚持不懈地搞好农田水利建设，发展旱作农业

西北黄土高原沟壑区水土流失严重，每年因泥沙淤积损失大量库容，使蓄水工程不能很好地发挥作用。由于水土保持工作治理速度缓慢，一时难以见效，而大面积的水利化一时又难以实现，故高原丘陵区的治理，应以抗旱和防止水土流失为主，在暂时解决不了水利工程的广大干旱区，仍应坚持加强农田基本建设，改坡为梯，蓄水保墒，发展旱作农业，推广地膜覆盖、穴播小麦等新技术。对于引进、培育耐旱高产优质小麦、玉米等作物品种的试验工作应给予充分重视。

(七) 搞好流域综合治理，治理与开发结合，控制水土流失

水土保持是黄土高原、黄河流域的老大难问题。多年来进行水土整

治，并未从根本上遏制水土流失的严重局面。宁夏回族自治区是全国水土流失治理重点区域，他们在多年工作中总结了一套行之有效的经验和方法，即水土流失的综合治理要实行生物措施与工程措施相结合，种草种树、建设基本农田、兴建骨干工程与推行水土保持耕作法相结合；水土流失的综合治理与综合开发相结合。通过调整土地利用结构把控制水土流失与解决“四料”（燃料、饲料、肥料、木料）俱缺、改善农业生产条件、发展牧业和多种经营密切结合起来。以“包户”小流域综合治理作为推行水土保持责任制的基本方式，因地制宜发展联户承包、专业队承包、集体治理分户管理、新的经济联合体承包等多种形式的责任制。并制定了切实可行的小流域治理规划，进行山、水、田、林、草、路、村的综合治理，集中治理、连续治理、沟坡兼治、层层设防，建立了多种措施的防护体系。宁夏的水土治理已见成效，其成功的经验应在西北其他水土流失地区推广。

在当前国家普遍推行退耕还林（草）的形势下，西北地区要继续贯彻以小流域综合治理为重点的方针，协调好人与自然、治理退化生态环境与水资源开发利用的关系；要把加强水土保持、改善生态环境同发展农村经济结合起来，以充分调动广大群众参与生态环境建设的积极性，各级政府应当把水土保持、生态环境建设纳入当地社会经济发展计划，采取得力措施，切实抓紧抓好。

第二节　西北地区土地资源开发利用

土地资源是人类生活和从事生产建设的必需场所，也是人类社会经济得以持续发展的物质基础。土地作为一种综合性资源，在人类生态系统中发挥着重要作用。因此，摸清西北地区土地资源开发利用的现状及存在的问题，对西北地区的经济发展具有十分重要的战略意义。

一、西北地区土地资源的基本特点

（一）土地辽阔，但可利用率低

西北地区土地面积为464532.4万亩，占全国总土地面积的32.3%。其中能被人们利用的只占49.44%，而超过半数的土地，如沙漠、戈壁、冰川雪山及盐碱地等目前还难以利用。在西北地区中，土地可利用率由高到低的顺序为：陕西＞宁夏＞甘肃＞青海＞新疆。

（二）土地类型多样，垂直分布明显

西北地区土地类型主要有极高山地、高山地、中山地、低山地、丘陵地、塬地、河谷沟谷地、台地、平地、戈壁、沙地等。但由于地势崎岖、地貌类型复杂多样，使得土地类型呈垂直分布现象。

（三）土壤类型复杂多样

由于西北地域辽阔，地貌、气候极其复杂，使得土壤类型也复杂多样。主要类型有褐土、黑褐土、黄绵土、栗钙土、黑钙土、水稻土、灰褐土、灰钙土、棕钙土、灰漠土、灰棕漠土、盐土、草甸土、风沙土等。

（四）大部分土地干旱

由于西北地处亚欧大陆的腹部，气候干燥少雨，使得干旱和半干旱区占了绝大部分面积，土地干旱，常常使农业减产。因此，在干旱区，没有灌溉就没有农业。

（五）水土流失、土地沙化较为严重，土壤盐渍化、土壤污染有所蔓延，土地质量较差

在陕西北部、甘肃陇东陇中、宁夏南部以及青海东部等黄土高原地区，其水土流失十分严重。沙漠、戈壁边缘的绿洲由于受到人为的破坏，不断遭到风沙的袭击，使得土地沙化较为严重。把西北地区划分为黄土高原区、西北干旱区和青南高原区三大自然区进行土地质量评价，发现虽然黄土高原区的土壤质量较好，但水土流失严重，其他多数地区

土地质量较差。

(六) 宜农荒地较多

西北是全国宜农荒地资源较多的地区之一，仅次于东北地区。全区大约有宜农荒地 1.5 亿亩，其中 90%以上的面积分布于新疆，其次为宁夏、青海、甘肃，但质量好的宜农荒地仅占少数，质量差的宜农荒地占多数，且开发难度大。

二、土地资源开发利用的特点

(一) 难以利用地、草地多，耕地、林地少

难以利用土地面积占西北土地总面积的 50.56%，草地占 35.02%，合在一起高达 85.58%，而耕地和林地合在一起仅占到 11.81%。

(二) 旱耕地多，水浇地少

西北地区旱耕地总面积为 16177.13 万亩，占耕地总面积的 65.6%，而水浇地为 8467.48 万亩，仅占 34.4%。除新疆旱耕地占其耕地总面积的 6.8%以外，其余省区均在 60%以上，其中陕西最高，达 96.8%。

(三) 林地分布很不均衡

西北地区的林地主要分布在极高山、高山和中山山地上，如秦岭、六盘山、贺兰山、祁连山、天山和阿尔泰山等地，其余广大地区林地很少。

(四) 土地利用垂直分布明显，呈现立体大农业现象

在西北地区，由于山地、丘陵众多，水热组合垂直差异明显，从而使得土地利用的方式随高度而不同，呈现立体大农业现象。

(五) 土地开发利用潜力较大

目前，西北地区有宜农荒地 1.5 亿亩，仅次于东北地区，为西北农业发展提供了充足的后备资源。另外，西北耕地平均粮食亩产仅 191.7kg，而水浇地亩产一般都要超过 500kg，说明西北地区的大部分

旱地只要有水就能提高产量。草地、水面的生产率也很低，其潜力尚待进一步开发利用。

三、合理开发利用西北地区土地资源的对策与建议

（一）必须把可持续发展思想作为合理开发利用土地资源的指导原则

可持续发展思想正在改变人们的价值观念和思维方法，其实质是建立人与自然的命运共同体，实现经济与环境的持续协调发展。由于西北地区自然条件差，生态环境十分脆弱，这就要求我们在开发利用土地资源时，必须遵循以下原则：①转变人类中心主义的传统观念；②改变物质利益至上的实用主义思想；③主张世代间负责的发展政策；④明确土地资源的产权界线，以防因产权不明引起的过度开发利用；⑤对土地资源开发利用应进行全新的成本收益核算；⑥土地资源的开发利用速度必须以其承载能力为最高阈限；⑦对共享土地资源的管理应采用产权代理人的托管方式，以减少公众随意进入而给环境造成的破坏。

（二）坚决贯彻执行相关法律，科学管理、合理开发利用土地资源

在珍惜土地资源，科学、合理、节约用地的思想指导下，统筹兼顾，全面安排，搞好农业、林业、畜牧业、工业、交通运输、城乡建设等土地利用规划，并依法保证实施。对一切不合理利用土地的行为要切实地逐步加以改正。对浪费土地、破坏土地的行为要依法严肃处理。应该切记过去那种粗放耕作方式导致水土严重流失、环境恶化的严重教训，无论山区、林区草原还是高原农业区，都必须严格限制开荒，防止人为荒漠化。发展农业生产、解决耕地不足的首要措施是提高集约化经营程度，增加农业产出；其次是搞大农业经营模式；在万不得已的情况下，在确保统一规划、妥善解决水利条件和水土保持的前提下，才可适当开垦宜农荒地。

凡是适宜农耕的地区，都应当首先用于生产粮食和经济作物，保证人们生活和发展轻工业原料的需要。在不适宜农耕的山区、丘陵、沟壑等地要种草种树，保持水土，防风固沙，改善生态环境。

（三）控制人口增长，提高人口素质，加强教育宣传

资源问题本质上是人类无节制的行为超过了自然界的承载力而引起的。人口越多土地资源压力越大，发展趋势越坏。可持续发展要求的重点在于劳动力素质的提高，而不在于数量的增多。除此之外还必须全面增强人们的生态责任和土地意识，将土地保护与社会经济持续发展有机地结合起来，使全社会都来重视、理解、支持和参与保护工作。各级宣传部门和广播、电视、报刊等单位要把宣传土地保护作为一项重要职责和经常性的任务，大张旗鼓地宣传土地方针、政策、法规和好坏典型，各级教育和有关部门都要重视土地教育，在中小学和幼儿园中普及土地知识，办好大专院校中有关土地方面的专业。

（四）制定相应的政策，因地制宜地开发利用和保护好土地资源

随着本区人口的增长和经济的发展，耕地资源不断被占用，人地矛盾变得愈来愈尖锐，针对这一问题，为保护人们对粮食的需求，应当实行以下方针政策：①稳定（耕地）面积，保护耕地，提高单产；②集约经营土地；③实行土地有偿使用；④实行规模经营。

（五）加强农田基本建设，改革耕作制度，提高土地生产力

进行农田基本建设，就是要改造低产田，推进治理中产田。巩固提高高产田要坚持统一规划、先易后难、注重质量、讲求实效的原则，通过改良土壤，提高地力，采用先进的农业技术，提高复种指数，科学种田，分期分批地进行治理。

水是农业生产的基本条件，改善水利条件，必须“一挖二控三建设”。一是挖掘现有的水利潜力，完善水利工程的配套、管理工作，确定科学用水制度，提高水的利用率，充分发挥水利工程的效益。二是控

制无计划、无节制的用水，积极保护和珍惜水源，发展节水型农业。三是新建扩建水利工程，重点在内陆河和黄河流域，积极扩大水地面积，逐步摆脱干旱给农业生产带来的威胁。

要重视对农业耕作制度的研究、改革，通过科学的间作、套种、复种、育苗移栽和保护地栽培等先进技术的推广应用，使全区复种指数有所提高。

（六）调整土地利用结构，合理进行农、林、牧及非农业用地的配置，把土地的经济效益、生态效益和社会效益统一起来

从目前农、林、牧实有用地情况分析，在用地上存在着只注重经济效益，忽视生态效益的问题。因此，在进一步进行土地开发与整治的过程中，在保证一定耕地的前提下，有计划、有步骤地扩大林地面积，涵养水源，防止水土流失和土地沙化，对25°以上的坡耕地逐步退耕还林还牧，改善生态环境，提高生态效益。

对于城乡居民点及工矿、交通等非农业用地，必须加以控制和严格管理。城镇建设用地要走内部挖潜、拆迁改造的道路，提高城镇土地的利用率。工矿及交通用地要尽量少占和不占耕地，尤其是水地；建厂开矿要坚持“三同时”制度，杜绝盲目发展、浪费土地的现象。乡村居民占用地，应进行“内部挖潜”，充分利用家庭园地。

（七）采用先进技术，做好土地资源的清查、评价和监测工作，为合理开发利用土地资源提供科学依据

目前，有关西北地区土地资源更加详细的数量和质量仍不清楚，需要组织力量，对其进行深层次的清查和评价。利用先进的遥感技术，特别是GIS（地理信息系统），对土地资源进行动态监测，建立土地资源数据库和信息系统，优化土地利用结构，以便根据土地资源的变化情况，随时制定相应的对策，为国民经济建设各部门和各级领导宏观决策服务。

（八）成立土地研究机构，积极培养土地科技人才

建议成立省级土地科学研究机构，或在有关科研单位成立土地研究室，专门从事土地研究工作。另外，有关科研单位也应加强这方面的研究。目前，土地的科技人员主要来自地理专业和土壤专业，这部分土地科技人员应尽可能转入土地科学研究中去，以解决当前土地科技人员缺乏的困难。为了加速培养土地科技人才，建议在有关大学设立土地专业。

（九）增加土地科学研究的投资，加速土地科学的发展

土地科学是一门新兴的科学，目前还不够成熟和完善，但它与国民经济建设关系十分密切。因此，增加投资，加强土地科学研究是非常必要的。总之，随着土地科学的发展，将有力地促进西北地区土地资源的合理开发利用和社会经济的发展。

第三章

西北地区生物、气候资源开发

第一节　西北地区生物资源开发利用

西北地区地形复杂，平原、山地、盆地并存，包括青藏高原、蒙新高原的一部分和黄土高原的大部分。由于地带跨度大，气候多样，加之水分、土体结构的明显分异，使得西北地区物种繁多，种群差异明显，生物资源极为丰富，许多生物物种具有药用、观赏、食用等经济价值，很有开发前景。

生物资源作为自然资源的重要组成部分之一，它的开发、利用和再生直接关系到国民经济的发展。当今世界的能源危机、资源枯竭、人口膨胀、粮食短缺、环境恶化和生态平衡失调六大危机的产生和解决，都与生物资源的开发利用和保护有着直接和间接的关系。世界各国对生物资源的开发和利用都给予了高度重视，其主要原因是：①生物资源的开发与人类的生存密切相关；②生物物种灭绝速度的加快给人类敲响了警钟；③动植物性物质的产生直接决定着经济的发展，影响着社会的稳定。

本节旨在通过对西北地区生物资源开发利用现状的综合了解，分析各省区生物资源开发的优劣势，总结现阶段开发利用中存在的问题，为制定正确的资源合理开发利用政策提供科学依据，以提高西北地区生物资源开发利用与保护的科技水平，保证生物资源开发工程的顺利开展，实现西北地区社会经济的可持续发展。

一、西北地区生物资源概况

生物资源属于可更新资源，受生境条件的限制，具有显著的地域分异特点。以政区界线划分的西北地区，地域辽阔，山地、高原盆地并存，地势相差悬殊，海拔由中国大陆最低点的吐鲁番盆地（－154m）到世界第二高峰的昆仑山乔戈里峰（8611m），相对高差 8765m。生态系统十分复杂。境内有广大高寒的高原，终年积雪的高山，干燥炎热的盆地，类型多样的草原，茂密的山地森林，浩瀚的戈壁沙漠，众多的河流湖泊。在自然地理上，兼有我国的东部季风区，蒙新干燥区和青藏高寒区；在气候上，兼跨温带、暖温带和亚热带三个气候带以及干旱、半干旱、半湿润和湿润四个干湿地区；在植被上，兼有蒙新干草原荒漠区，青藏高原寒漠草甸草原区和东部森林湿润区；在动物地理上，兼跨蒙新区、青藏区、华北区和华中区，是一个以温带、暖温带干旱气候和高寒山地高原为主的区域，同时有分布于陕南和陇南的秦巴山区的亚热带湿润区和分布于黄土高原的半湿润、半干旱气候区。复杂的生境决定了生物具有物种丰富、区系成分复杂、生物地理群落类型多样、地域差异十分明显、资源丰度低、生态环境脆弱等突出特点。本节论及的生物资源包括森林资源、草地资源、经济植物资源和动物资源。

(一) 森林资源

西北地区地处欧亚大陆腹地，远距海洋，除秦巴山区外，大部分地区是半干旱、干旱气候，灌溉农业和稀少的植被勾绘出了荒漠化植被景观的特色。但另一方面，山地的耸起和山地气候的形成为天然森林的发育提供了优良的生境，形成了一定数量、独具特色的森林资源和多样的森林类型。绿洲灌溉农业的发育又为发展林业、扩大森林资源、建立现代林业地提供了良好的条件。西北的森林资源按其起源分为天然林、人工林两大类，天然林中包括山地森林、平原次生林、次生灌木林、河谷林、荒漠灌木林和胡杨林等。

全区森林按其山系划分，主要分布于天山、祁连山、西倾山、马衔山、巴颜喀拉山、昆仑山、阿尔泰山、唐古拉山、小龙山、子午岭、关山、秦岭、贺兰山、六盘山、罗山等地。

人工林地基本与农田分布相同，大部分为绿洲农田防护林，还有少量的四旁植树和特用林。西北地区大部分地区属干旱、半干旱荒漠地带，森林发育条件差，人工林营造困难，加之重伐轻养等原因，使林地面积在土地面积中占的比例很小。

森林分布不均衡，也是一个很明显的特点。从地域上讲，东多西少。森林结构是影响林分生长、生产力以及稳定性的重要因素，也影响森林防护作用的发挥。从整个区域来讲，龄组结构不尽合理，可利用木材比较缺乏；林种组成中用材林占比重大，其他林种比重很小，森林质量也越来越差；树种结构单调，不能满足生产建设多方面的需要。森林可及度差，成熟林多分布于各大山系，采伐调运困难，甚至有少部分森林无法采伐。

（二）草地资源

西北地区的草地主要分布在黄土高原、青藏高原、天山、阿尔泰山、祁连山、贺兰山、准噶尔盆地、塔里木盆地及河西走廊。西北地区复杂多样的地形条件形成和发育了丰富多样的草地类型。在全国 18 个草地类型中，西北五省就有 17 个。西北地区草地类型主要有：草甸草原、温性草原、温性荒漠草原、高寒草甸草原、高寒草原、高寒荒漠草原、温性荒漠、温性草原化荒漠、高寒荒漠、低山草甸、山地草甸及高寒草甸等类。西北地区的草地不仅面积大，类型多，而且牧草种质资源十分丰富，世界上公认的优良牧草西北地区几乎都有分布。丰富多样的草地为各类牲畜的放牧提供了条件，也为围绕草地生产开展试验研究提供了园地，为因地制宜发展畜牧业，采取多种形式充分合理利用草地，提供了有利条件。

由于西北大部分地区属干旱荒漠地带，因此荒漠草地所占比重较大。由于西北地区地域辽阔，草地类型多，随着水热状况组合的时空差异，草地生产力表现出明显的地区性、季节性和年际变化。因而载畜量在地区和季节上也有很大差异。

西北地区大部分草地属干旱地区，除部分山地外，大部分地区降水稀少且季节集中，加之水文网分布不均，地下水开采困难，因此西北地区形成了大面积缺水和严重缺水的草地。这些不利因素严重影响了西北地区草地资源优势的发挥。

（三）经济植物资源

西北地区有野生经济植物 3000 余种，大宗利用的不过数百种。在现代工业原料和药用植物等方面有很大开发潜力。

1. 食用植物资源

（1）淀粉与糖料植物。约200余种，产量大的主要有橡籽、蕨根、栗子、魔芋、百合、沙米、锁阳等10多种。它们除作食用或精饲料外，还用于酿酒、制醋、浆纱等工业。其中广泛分布于秦巴山区的魔芋，为日本、欧美风行的保健品。栗子、百合等食品也有国际市场。（2）油料植物。约300余种，大宗的有核桃、漆籽、乌桕、水冬瓜、文冠果、油橄榄、连翘、花椒籽、葡萄籽等。后者含亚油酸高达72%以上，既可食用，又可制药治疗冠心病和心绞痛。（3）野生果类及饮料植物。共100多种，具有很高开发价值的主要有猕猴桃、沙棘、刺梨、野葡萄、野蔷薇、山楂、五味子、沙枣、悬钩子、八月炸、毛樱桃、刺五加、陇塞忍冬等20多种，为美味野果。大多属于营养成分全面，富含多种维生素和生命活性物质，符合食品要求的“高营养、低脂肪”果品和饮料原料。主要分布于秦巴山区的猕猴桃，现有资源约3万t。沙棘主要分布于本地区的东部，现有500多万亩，年产沙棘果约6万t。其果实营养丰富，是制作高级饮料的原料，枝叶可作饮料和薪柴，又是很好的保水固沙植物，应成为发展的重点。广泛分布于秦巴山区的野蔷薇，营养、保健价值极高，含多种维生素、氨基酸，含糖量高，并含有果胶、有机酸、微量元素、黄酮类及花青素等，国外早已开发利用，制成系列产品。（4）蜜源与花粉植物。西北地区是我国重要的蜜源地，向日葵、胡麻、苜蓿、棉花、刺槐等，资源量多，有很大开发潜力。（5）野生蔬菜植物，主要有蕨菜、发菜、蕨麻等10多种，资源量大，质佳味美，营养丰富，药用功效大，经济价值高，是近年来的出口“热货”，远销港澳和东南亚、日本等地。（6）食用真菌，主要有木耳、香菇、平菇、花菇、牛肝菌、牛排菌等约100种。虫草等更是称誉中外的珍品。这些食用菌，不仅营养丰富，味美可口，还具有多种药用功效，其中有40多种具有抗癌活性。目前，绝大多数自生自灭，未开发利用。

2. 药用植物资源

西北地区中草药资源种类多、分布广、蕴藏量丰富。据不完全统计，甘肃和陕西分别有药用植物 2700 余种，挂牌收购的常用中药材 400 余种。其中年产量在 100～500t 的有 30 多种，1000t 以上的有当归、甘草、大黄、党参、麻黄、黄芪等近 10 种。甘草蕴藏量在 50 万 t 以上，年产量超过 1.5 万 t，是我国甘草最集中的产区。秦巴山区是著名的“天然药库”，药用植物资源十分丰富，是当归、丹参、黄芪、贝母、党参、天麻、杜仲、西洋参、厚朴、猪苓、山萸肉、黄连、连翘、金银花、薯芋、桔梗、三七、五味子、附子等的重要产区。岷县、宕昌、文县、礼县是全国著名的药乡和出口药材的重要基地。岷县年产当归 1 万～2 万 t，占全国收购量的 80%～90%，质量为全国之冠。青海的虫草、大黄，宁夏的枸杞，陕西的天麻、杜仲，均在全国有突出地位。

目前，有待深入研究和开发的有绞股蓝、想木、参叶子、红毛五加、藤五加、蜀五加等含多种皂苷的保健抗衰老药物；三尖杉、粗榧、常春藤、桃儿七、铁棒锤、鸦旦子、栝蒌、旱莲、野百合等抗肿瘤药物；金银木、孚氏忍冬、蔷薇属、野胡桃、啤酒花等杀菌消炎作用与青霉素、四环素相当的抗菌消炎药物，有良好的开发前景。

3. 工业用植物资源

(1) 纤维植物。西北地区含纤维量较大的植物有 100 余种。产量大，价值高的有芦苇、罗布麻、芨芨草、龙须草、构树、桑树、榆树、葛藤、马蔺、荆条、竹子、青檀等，大都未充分利用。(2) 鞣料（单宁）植物。约 200 余种。主要有落叶松、杉、栎类、红根、化香、枫杨、盐肤木、青麸杨、虎榛子等。(3) 橡胶、硬橡胶及树脂、树胶植物。前者如猫屎瓜、杜仲、卫茅等，后者如松类、枫香、桃、杏、柏、冷杉等。除松香、松节油产量较大、利用较早外，其他尚未利用。(4) 涂料及工业用油脂植物。生漆和桐油是优良的天然涂料，陕西年收购生漆约 750t 左右，属全国首位，占全国的 1/3。桐油产于陕南和陇南，陕西较多，居全国第 10 位，漆籽和乌桕是重要的工业用油料。

(5) 芳香植物。有200多种，主要有木香花、山荻、山胡椒、薄荷、苦水玫瑰、丁香、香茅、百里香、刺槐、柏、甘松、蔷薇、蒿类、香薷等。目前仅木香花、山获、山胡椒等少数几种有所利用。这类植物经济效益高，有开发前途。此外，五椆子、栓皮栎、啤酒花等，也是资源量较大的化工原料植物。

(四) 动物资源

西北地区地理环境复杂，植被景观组合多样，为野生动物提供了广阔的活动空间和多样的栖息场所，形成了生态习性各不相同的温带荒漠、半荒漠动物，温带草原、森林草原动物，山地高原森林、草原、寒漠动物和亚热带林灌草地动物等生态地理动物群。

1. 珍稀动物

主要有金丝猴、大熊猫、蒙古野马、野双峰驼、高鼻羚羊、白唇鹿、马鹿、扭角羚、鹅喉羚、野驴、野牦牛、藏羚、盘羊、金猫、豹、扫雪、雪豹、兔狲、荒漠猫、沙狐、朱鹃、黑鹳、中华秋沙鸭、白尾海雕、白肩雕、兰马鸡、绿尾红雉、红腹角雉、黑颈鹤、金雕、秃鹫、大天鹅等。

2. 资源动物

(1) 毛皮、制革动物。主要有黄唔、草兔、旱獭、狐狸、松鼠、野牦牛、野羊、獾、水貂、艾虎、狼、猞猁、狍、毛冠鹿、野猪等。(2) 药用动物。主要有林麝、马鹿、藏羚、獾、豹、灵猫、熊、唔鼠等。白唇鹿是青藏高原特有的药用动物，约有10万只左右。马鹿有近20万头，主要分布在新疆。(3) 肉用动物。主要有小麂、狍、野兔、野羊、羚羊、黄河鲤、裸鲤、雉鸡类、鸠凳类、雁鸭类等。

3. 渔业资源

西北地区分布有大量的冰川雪山，水资源蕴量丰富。中国两大河流黄河、长江就发源于青海省，黄河流经青海、甘肃、宁夏、陕西四省，有大小湖泊分布。据不完全统计，西北地区鱼类约有200种，在土著鱼类中经济价值较高的有青海湟鱼、秦岭细鳞鲑、东北亚罗鱼、多鳞铲颌鱼、赤眼皖等，是不可忽视的重要资源；引入的养殖品种有鲂、编、草鲢、虹鲟、罗非鱼等；名优特水产有；细鳞鲑、大鱿、湟鱼等。

二、西北地区生物资源开发利用中存在的主要问题

(一) 经营管理水平差，资源开发不尽合理

西北地区的资源利用截至目前未形成一个总体规划性的开发计划，给经营管理带来很大困难，从总体上讲，经营管理系统性很差，没有形成一个合理的体系。开发以市场的需求而波动，以习惯的开发利用方式为主导，造成资源开发利用的不平衡。首先在资源总体利用上，一般是对较易利用的地区优先开发，而难利用的那一部分无人问津。这种区域的不平衡开发使资源闲置而浪费。其次是限于市场调节和开发水平，资源种类的利用也不平衡。对市场需求量大，易于开发的资源，一哄而起，而远景资源或难以开发的资源种类却不受人们的重视，导致部分种类资源枯竭，而另外一些种类资源被埋没。

(二) 资源的高效利用与生态环境稳定之间的矛盾未能得到充分协调

目前，无论森林、草地还是其他生物资源，其开发利用虽局部纳入了生态系统工程开发的轨道，但由于自然、社会、经济条件等因素的影响，在系统因子的配置和引入中存在很大的缺陷，大部分资源的开发主要在原始的生态系统中进行，组成系统的因子较简单，少部分高效利用的系统是以简单的价值流增值为主，没有考虑到生态环境的改善及系统的稳定性，因而在资源开发中，很难把生态系统的高效和稳定这一对矛盾协调起来，达到既高效又稳定的物质流、能量流和价值流的循环。

(三) 以简单的资源输出型为主，未进行深度开发，因而资源开发的投资和扩大再生产的资金缺口很大

西北地区的资源开发形式大部分是依托当地资源，单纯地以资源输出为主，这样虽能增加本地区农、牧民的收入，但要从深加工地区引入

一部分本地区资源的加工成品，不但造成资源价值的部分外流，而且增加了运输投入。没有资源深加工的价值增值，区域内资源生产以及生态系统重建和恢复缺乏必要的投入保证，扩大再生产无从谈起，使本地区资源开发造成大出血的同时又导致其副产品及部分资源浪费，这不能不说是资源开发中的一个重大问题。

（四）资源开发中科技含量低，对生物资源的开发极为不利

限于资金、劳动力素质及技术推广环节薄弱等原因，本地区的资源开发以习惯的、原始的开发利用方式为主，没有重视作为第一生产力的科技投入，无论从资源管理、计划开发，如定量开发及资源开发的资金匹配等到资源保护、资源再生方面，都处于低级阶段，深度开发利用和综合开发利用很难论及。

（五）生物资源开发以“个体户”为主，未形成一批具有很强竞争实力的产业化、集约化经营的龙头企业

随着改革开放的进一步深入，以农、牧户为经营单位的资源开发类型已远远赶不上需要，这就需要各种形式的联合，西北地区也在进行这方面的尝试和努力，虽然取得了一定效益，但从总体上讲才刚刚起步，很不成熟，因此存在高投低效等问题。一是由于大型的集约化生产类型单调，二是结合各区域实际情况的论证未能很好开展，甚至照搬其他如沿海城市的成功类型，简单而又机械，三是没有形成产业化的规模，四是龙头企业很不稳定，这样带动农户形成“科技＋农户”“企业＋农户”的步子很慢，农户积极性不高。

（六）资源量与开发量的协调问题

生物资源的开发不能以简单的摄取为主，应根据其再生量和可利用量调整开发强度，以达到资源系统的稳定和永续利用。目前，在生物资源的开发中，对资源量调查不够，而且缺乏可持续发展思想，只顾眼前利益，导致开发过度，而使资源日趋枯竭。如发菜在西北大部分地区都有分布，由于价格昂贵，人们一哄而上，大量采集，使其没有再生的时

间和条件，已成为越来越珍稀的资源类型。

三、西北地区生物资源合理开发利用和保护的对策建议

与其他资源一样，生物资源也是经济发展和社会进步的基础，作为人类劳动的对象和产物成为社会中最本质、最关键的物质之一，也是人类繁衍的主要依赖。其本身具有再生性、地带的差异性和容易遭到破坏的特性。西北地区经济欠发达，自然因素、社会因素、资金因素的限制使生物资源的开发利用存在着种种问题。因此，生物资源的开发利用必须依托区域自然条件，发挥优势，扬长避短，保护与开发相结合，经济效益、社会效益、生态效益并重。

（一）从发展区域经济出发，研究制定出生物资源开发利用的途径和政策，从管理、投资、保护、引导、联合几个方面入手，使西北地区生物资源的开发利用走向产业化

1. 管理

首先，应建立一个综合性、权威性的生物资源统一管理机构，负责资源的综合管理以及资源开发、利用、保护治理、规划计划的制定，制定生物资源开发利用的法规和条例，改变管理上条块分割、各自为政的局面。其次，需改变单纯索取生物资源的传统观念，把开发利用和治理保护相结合，经济效益、社会效益、生态效益并重。以《中华人民共和国森林法》《中华人民共和国草原法》《中华人民共和国水产资源繁殖保护条例》《中华人民共和国野生动物保护法》等基本法规为基础，结合各地实际，制定出区域性开发的管理条例，明确规定各种资源范围、重点和开发利用及保护的具体要求，落实责任制和赏罚办法，把资源统管起来，统一开发，以达到尽最大可能利用和保护资源的目的。

2. 投资

目前经济学家们普遍认为西北经济是“输血”型经济，投入多，产出少，大量资金沉淀。这主要基于西北地区经营管理水平差、工艺技术落后，加工利用设备陈旧。但西北地区又有其资源的优势，如果使资源

输出型向深加工发展，有其绝对的优势。因此，应加强有关投资问题的软科学研究，搞好宏观上的控制与协调，制定资金投入、科技投资倾斜政策，增加投入，加速技术改造，分阶段、有步骤地开发利用资源，不断加强西北地区的自我积累、自我发展机制，逐渐恢复其生物资源开发与利用的“造血”功能。

3. 保护

西北地区除陕西外，其他地区均属于资源开发主导型结构，大都是以资源开发为主，加工业不甚发达，由于管理体制使价格关系被扭曲，使西北地区经济效益偏低。因此，生物资源的开发有必要在政策上给予一定的保护，包括对现行的体制、价格关系等进行调整，并给予一定的税收、价格、销售等方面的优惠保护。

4. 引导

依据各个区域内的资源现状和社会经济条件，组织力量，制定长期的开发政策，并分期分批地着手实施，先易后难，循序渐进，引导各地充分利用当地资源优势，走各自开发的路子，逐步形成在整个西北地区综合调控之下，各省区或各开发“片”独立的开发内容和特色。

5. 联合

西北地区的生物资源开发除要搞好本地区各省之间的联合外，还必须通过各种渠道，加强与中、东部地区的联合协作，进行技术和管理引进，借助外力，壮大自身。这些协作和联合包括地区与地区之间、省与省之间、省内各区域之间、行业与行业之间的联合，可采取“先切块后组合”或“先集中后分解”的方式，根据各区域内的特点，从设备转移、技术转让、智力流动等方面进行，形成跨省经济协作区和协作带、跨省企业集团、区域市场等具有一定深度和广度的组织。

（二）加强生物资源的评价研究，树立资源立体开发思想

基本摸清森林、草原、畜禽、作物品种、主要野生动植物资源的种类、数量、品质、特点、经济价值、繁衍更新规律及地区分布，建立资源数据库和生物资源动态变化监测系统。研究生物生存生态系统的结

构、功能、物质交换和能量循环的规律，探索不同地区条件下生物资源群体构成和生产能力的最大限度。以期能更好地利用生态环境特点，因地制宜逐步建立生物资源生产和加工基地，以这些生产和加工基地为龙头，带动本地区农牧户，以期达到“企业＋农户”的具有地方特色的资源利用形式，逐步形成“一地一品”的产业化开发模式，提高综合开发利用的科技能力，使生物资源的开发限制在该生物系统能够更新的能力之内，实现永续利用的目的。同时要树立资源立体开发思想，研究农牧结合和草灌乔结合的途径，建设林草、林药、林果、林蜂、林粮、果菜、果花、果农等复合生态系统，研究光热资源的数量特征和变化规律，充分利用生长季的光热资源，分层分时交错用光，研究和推广高效农业技术，多途径提高生物资源的产出，开展大面积开发利用与一定面积集约经营相关技术的研究，加强综合性，体现生态农业、立体农业的优势，开展仿自然生态系统的试验。

（三）组织科技共同体，采用先进适用技术，加强综合项目的研究

生物资源开发利用涉及的部门、领域繁多，学科、专业复杂，具有多元结构的特点，其内部的联系复杂而又密切。因此，有必要由有关部门组织和领导各相关方面的科技人员，打破研究课题分散、科技力量薄弱的状况，应用先进适用技术和装备，加强新兴学科、边缘学科和交叉学科的联合与应用，在单项研究、产中研究的基础上，围绕生物资源开发和国民经济建设中的重大问题及亟待解决的问题，坚持以扩大再生产为主的立体农业、生物链及提高生物能利用率等跨部门多学科的软科学研究，联合攻关，逐步形成有关资源、环境、生态的综合研究体系，以较少的投入收到较大的效益，以弥补生物资源开发方面的不足，改变区域内落后的科技现状、开发利用现状和贫困经济现状。

（四）实施教育制度，开发智力资源，普及科学知识

采取有效措施和多种途径，加速智力资源的开发，迅速改变目前自

然资源建设与开发机构人员组成和专业结构不合理的现状。依托现有的高等院校和中等专业学校，培训技术力量，各省区可根据区域开发特点，重点培养一批生物资源开发利用中急需的基础研究型与科技开发型人才，基础研究型的专业应加强经济地理、森林生态、草原生态、农田生态、野生动植物生态等方面的教育，开发型专业应注重实用开发技术，同时培训经营管理、销售服务等配套专业。例如甘肃省在现有普通专业教育的基础上，增设了食品科学、农业经营管理、动物营养等专业，培养了一大批生物资源开发管理的有用人才，加速了这一方面的教育和培训。同时，有必要加速现有科技人员的知识更新，有计划、分层次、多途径进行培训，提高其业务能力和科技素质，培养一批有关生物资源研究和开发的带头人，使自身发展壮大，建立实力雄厚的人才梯队。加强宣传，普及资源知识，培训农民技术人员，提高全民的文化科学水平和开发保护生物资源的意识。

（五）搞好科技体制改革，加强开发和应用研究，提高利用生物资源的能力

通过科技体制改革，促进科研单位和科技人员由基础性研究为主向开发技术研究转变，使科研主攻方向面向经济、面向生产、面向第一线。打破科技壁垒，组织科技人员搞承包和技术服务，作为大范围内的技术推广工作，大力开发资源利用的适用技术和适销产品，使科技研究直接为生产服务，逐步建立起一个相对独立的生物资源综合评价和开发利用的科研配套体系，形成层次消费、布局合理、体现各区域内开发特色的科研试验网。根据生物资源的再生性、区域性、有限性及易破坏性的特点，科学技术的开发要以利用与保护并重，坚持以开发利用和应用研究为主的方向，加强生物资源开发中的薄弱环节，如资源保护、环境保护、工程保护、加工技术等，促进科研、推广、开发应用三者相结合。注重加强森林和草地的建设，开发优势农牧产品和主要野生植物的加工技术，建立商品化、区域化、专业化生产和加工基地，恢复生态系统的良性循环，提高资源的利用率和增值程度，以取得最大的生态、经

济和社会效益。

(六) 加强技术推广体系，建立技术研究与应用的联系纽带，引进和推广已有研究成果

目前，西北地区生物资源开发利用技术普及推广率很低，因此有必要加强和完善技术推广体系，促使科技成果尽快转化为生产力。以加速生物资源科技情报信息的搜集和交流，及时为基层提供新技术信息和商品生产信息，同时把第一线的科技需求信息反馈到科研和技术研究单位，以调整科技研究的结构和方向，增加科技研究的含金量，加快实用技术的研究速度，满足生产第一线的科技需求。另一方面，科技推广体系还应加强区域之间、地区之间的科技联系以及与东部发达地区的科技协作，引进国内外先进技术的管理经验，总结和推广本地区生产经验，以达到深度推广的目的。

(七) 加强重点资源的保护，多方面开发生物资源

目前，由于无计划、不合理的开发，造成森林面积减少，质量下降，草场退化，许多野生动植物种濒临灭绝。因此，为了达到生物资源永续利用的目的，必须对生物资源进行保护。森林资源保护的重点是加强林区管理，严禁毁林开荒、乱砍滥伐和毁灭性人工樵采。在较长时间内，天然林只能进行抚育间伐和低价林分改造性的采伐，以保证资源的恢复和发展。草地资源应重点保护天然草场，实行以草定畜、封育、划区轮牧，禁止开垦草原、铲草皮、超指标挖药等；在有计划改良草地的同时，加强草地的经营管理、培育、保护和建设。野生动植物资源的保护重点是自然保护区的野生动物、珍稀动物和野生药材，对计划狩猎的动物和采集的植物资源要限定地点、数量和种类，经主管部门批准后，有计划、有组织地进行，以保证资源的再生性。另外，必须建立统一的保护和繁殖基地，使资源由少到多，从无到有，西北地区在这方面已做了大量工作，如青海省建立了青藏高原动物繁育中心，我国最大的种质库已在青海建成。宁夏的红腹锦鸡、兰马鸡的人工饲养研究，新疆、甘肃的野马繁殖，陕西的珍稀动物饲养中心和甘肃濒危野生动物繁育中心正逐步成为西北乃至全国保护、抢救濒危物种的重要基地。在保护的同

时，可结合旅游业的开发，建设旅游点，以森林公园、草地公园、珍稀动物园、植物园等形式进行多方位的保护性开发，在满足人们享受自然和欣赏生物需要的同时，为资源的保护和开发积累一定的资金。

第二节　西北地区气候资源开发利用

气候作为自然条件与人类活动息息相关，一是作为一种自然资源开发利用，把潜在的气候资源变成生产力；二是在国民经济建设中作为一种参数，提供趋利避害的依据，尽可能地利用有利的气候条件创造尽可能多的经济效益，避免由于气候因素而造成的危害和损失。气候为人类的生产和生活提供的光、热、水、大气等物质和能量构成气候资源，它是一种极其重要的自然资源，包括光能资源、热量资源、水分资源、风能资源。当今世界上引起人们广泛关注的问题是粮食、能源和环境，这三大问题均与气候资源有关。气候资源是一种再生资源和洁净资源，如果利用合理，可年复一年地永续利用，可有效地解决能源匮乏和环境问题；同时也是一种经济资源，如果利用充分合理其经济价值不可低估。太阳辐射是地球表面最主要的能量来源，是形成气候的重要因子，也是工农业生产的重要气候资源，植物光合作用的强弱，很大程度上依赖于光照强度和光照时间，对农业布局和太阳能利用具有决定意义；热量资源主要来源于太阳辐射，它是植物和农作物生长发育的重要条件，而水分资源则决定着农业收成的好坏。气候资源中的太阳能和风能作为新能源已引起人们的特别重视，对这些新能源的开发利用程度可以反映出一个地区、一个国家的文明和发达程度。处于我国西北的陕、甘、宁、青、新五省区具有丰富的太阳能资源和风能资源，开发利用潜力很大，而水分资源和热量资源相对较贫乏，制约了农业生产的发展规模。因此，西北地区相当部分人口仍生活在贫困线以下，温饱问题尚未得到彻底解决。各级政府应该充分重视气候资源的开发，依靠科技进步，合理而有效地开发利用气候资源，充分利用优势资源，有效地解决弱势资源的问题，发展农业，解决农牧民生产生活能源问题，尽快地脱贫致富。

目前西北地区在气候资源开发利用上已做了大量工作，取得了较为可观的社会、经济和生态环境效益，但也存在诸多问题，尤其在进一步深度开发利用中尚有一些科技问题亟待解决。

一、西北地区的气候特征

（一）气候类型复杂多样，以干旱半干旱气候较典型

我国的气候有两个主要特征，一是季风气候明显，冬季来自中高纬度的冬季风，使得大部分地区普遍寒冷干燥；夏季来自低纬度和东部海洋的夏季风，使得大部分地区温暖、炎热、潮湿。西北地区深居内陆，远离海洋，又受重重山脉阻隔，夏季温暖潮湿的气流（处于700～850hPa高度）不能到达西北内陆，因此，西北地区逐渐转为干旱，部分地区甚至形成荒漠气候。我国年降水量以大兴安岭西坡经张家口、榆林、兰州到达西藏拉萨附近的400mm等降水量线为界，大致把全国分成了东南和西北两部分，西北地区的大部分便落在了干旱的西北半壁。我国气候的另一个显著特征是气候复杂多样，从赤道带到寒温带占了9个气候带。西北地区分跨北亚热带、暖温带、寒温带、寒带和高原气候区，并有相当比例的山地气候区，湿润、半湿润、半干旱、干旱气候兼备，尤以干旱、半干旱气候较为典型、普遍。

（二）气象灾害频繁，以旱灾最为严重

西北地区自然条件较差，生态环境脆弱，自然灾害发生频繁，其中尤以干旱灾害最为严重，发生频率高，分布范围广，对国民经济建设特别是农业危害最为严重。主要灾害如下：

（1）干旱：西北地区深居大陆内部，空气干燥，降水稀少，蒸发量大，干燥度高（绝大部分地方的季干燥度>1.5），除黄灌区、绿洲、汉水盆地和陇南以外，几乎年年都发生不同程度的干旱。干旱是最不利的气候条件，严重制约着西北地区的经济发展。

（2）风沙：风沙是干旱地区特有的不利气候条件，它会引起流沙前移、耕地退化和沙漠化，甚至经常在某些地区演化成沙尘暴。沙尘暴来临，不仅对生产造成严重破坏，而且严重威胁人畜安全。新疆南部和东

部、甘肃的河西走廊、宁夏中部和陕西北部为风沙主要危害区，以春季最多，其他季节较少。

(3) 霜冻：霜冻影响和限制光能资源的利用和产量的形成，是春播作物的一大危害。

(4) 干热风：西北地区是我国干热风危害最为严重的地区之一，对小麦、玉米等作物产生危害，主要发生在小麦成熟期，往往减产5%～10%，个别严重年份达20%以上。

(5) 冰雹：冰雹是地方性很强的毁灭性灾害，主要出现在6～9月份生产季节，各地每年都有不同程度的雹灾，青海省是受害最重的地方。此外，牧区的雹灾、低温、冻害、连阴雨、暴雨等在局部地区也造成很大危害。

表3-1给出了西北地区的气候特征比较，从中可看出西北地区的气候共同特点以及由于各省区的地理位置差异所表现出来的不同之处。

表3-1　西北地区气候特征比较表

要素 / 省区	气候类型	气候特征	主要气象灾害
陕西	显著的大陆性季风气候	①冬季寒冷，夏季炎热；②春季升温快，秋季降温快，冷气旋活动频繁，气温日较差大；③干湿季分明，秋末冬春少雨，夏初秋多雨；④降水变率大，常出现干旱；⑤春季风沙大	干旱（春旱和伏旱）；雨涝、冰雹、大风、霜冻、干热风
甘肃	气候类型复杂多样，以半干旱、干旱气候典型	气候干燥，大陆性气候显著；气温年、日较差大；太阳辐射强，光照充足，雨热同季	干旱、冰雹、暴雨、霜冻、干热风、大风、沙尘暴
宁夏	温带半湿润—干旱气候	冬寒长、夏热短、春暖快、秋凉早；干燥多风，蒸发强烈；辐射强、日照长、温差大；南寒北暖，南湿北干，雨热基本同季	干旱、霜冻、大风、冰雹、干热风、(水稻)冷害

续表

省区＼要素	气候类型	气候特征	主要气象灾害
青海	寒温带高原气候	气候干燥，多风，寒冷，气象灾害多，光照强，风速高	干旱、冰雹、霜冻、大风、暴雨、连阴雨
新疆	温带干旱、半干旱气候	冬季长、严寒，夏季短、炎热，春秋变化剧烈。太阳辐射强，气候干燥，降水稀少。气温年、日较差大，风多、风大	大风、干旱、干热风、冻害、霜冻、冰雹、暴雨

二、西北地区气候资源的评价

(1) 光能资源是西北地区的优势资源。在西北地区的广大农牧区，农村经济发展中常规能源不足是一个突出的问题，丰富的太阳能为西北地区提供了廉价清洁的新能源，开发利用这一能源可产生良好的社会、经济和生态效益，开发利用潜力很大。太阳辐射是植物进行光合作用形成作物产量的能量来源。太阳辐射强、日照时间长是西北地区气候资源的最大优势，在农牧业生产中的开发利用可转化为农业生产优势。

(2) 风力资源是另一优势资源。风能的可利用区占总面积的5/6左右。新疆的九大风区，可以建立大型的风力发电站，弥补火电、水电的不足，成为另一可开发利用的电力资源。广大农牧区及高原地区，风能资源丰富，可以推广小型风力发电机，解决那里居民的生活生产用电问题。

(3) 热量资源总体上较差，但部分地方还相当富足，特别是夏季温度高，热量集中，有效积温多，极利于作物生长发育。西北地区热量可满足一年两熟，两年三熟，一年一熟等多种熟制，也能满足牧草和树木生长。低温也是一种资源，低温可以进行干燥、粉碎、浓缩、养殖、贮运等。

(4) 降水量偏少而变化大，是西北地区气候资源的一大劣势。大部分地方年降水量在400mm以下，降水量400mm以上的地区，因降水变化大，旱涝不均，其旱多于涝。干旱成为本区最不利的气候条件，它限制和影响了光能资源的利用，并对农牧业生产带来严重威胁。相当大面积上的降水量不足一年一熟所需水量，一些地方的人畜用水都很困难。水分资源短缺已成为西北地区发展的最大障碍。因此，对水分资源的开发和合理应用是开发利用气候资源的一个关键所在。

(5) 气候资源在时间分布上，是光、热、水基本同期，夏半年降水量占全年的60%以上，此时太阳辐射最强，日照时间又长，平均气温22℃以上，冰川消融量增大，河流正值汛期，为生物生长提供了丰富的物质，在降水基本满足或有水利设施的地方，农作物籽粒饱满、产量高，棉花绒长质佳，瓜果、甜菜含糖量高且宜制成干果，是从事果品生产的理想环境。

(6) 气候类型复杂多样，丰富多彩的气候，为不同种类的动植物提供了生存条件，也为人们的社会活动提供了更多的场所。农、林、牧业都有适合的气候环境。秦岭以南处于亚热带气候区，水热资源丰富，有利于发展亚热带经济作物。

(7) 环境结构脆弱，自然灾害频繁，多发干旱、冰雹、风沙、霜冻、干热风等灾害，严重危害农作物和人畜安全，尤其是旱灾，素有"十年九旱"之称。因此，西北地区自然资源的开发利用，必须采取保护措施，不断改善气候条件，改善生态环境。

(8) 西北地区的气候一直处在不断的变化之中，尤其近几十年变化更快，总的趋势是向暖干化发展。气候的变化导致了降水更少、土地沙化、地表地下水资源匮乏、绿洲沙化等问题，加大了西北地区气候资源开发利用的难度。

三、西北地区气候资源进一步开发利用的对策建议

(一) 指导思想

西北地区气候资源进一步开发利用的指导思想：以经济建设为中

心，结合省（区）情和发展目标，以科技为先导，切实解决存在的科技问题，最大限度地开发利用气候资源，服务于国民经济建设各部门；充分利用西北地区的优势气候资源，研究解决不利气候条件的问题，开发利用农业气候资源，提高作物产量，尽快解决人民群众温饱问题；积极开发推广新能源，提高人民生活的质量，尽快实现小康水平，达到社会、经济、生态效益的统一。

（二）开发原则

1. 把为农牧业服务放在开发利用气候资源的首位

要坚持为国民经济各行各业服务，特别要把为农业服务放在首位。西北地区农牧业发展缓慢，作物产量低，靠天吃饭，温饱问题尚未解决，开发利用气候资源，充分利用光、热、水资源，是提高作物产量、解决农民温饱问题的重要途径之一。及时为农牧业生产提供准确的气候预报，可避免或减少因气候因素带来的损失。各级政府应充分重视气候资源在农牧业中的开发利用，切实解决存在的科技问题，提高农牧业气候资源开发利用的水平。

2. 以科技为先导，最大限度地开发利用气候资源

气候资源取之不尽，用之不竭，但要使气候资源转化为经济资源，使之产生最大的经济效益，必须坚持科技是第一生产力的观点，必须依靠科技进步。只有先进的科学技术，才能开拓气候资源开发利用的深度和广度，才能产生最好的社会、经济、生态效益。

3. 坚持持续发展的观点，寻求经济、社会、生态效益的综合效应

气候资源与社会、经济、环境的关系密切，合理开发利用气候资源，会收到良好的社会、经济和生态环境效益，反之，则会带来一系列问题。西北地区生态环境脆弱，在开发利用气候资源时，包括开发利用其他资源时，一定要在保护气候资源和生态环境的基础上进行，寻求社会、经济和生态环境效益的统一。

4. 立足本省，加强区域协作

无论气候资源的科技问题研究，还是气候资源利用技术的推广，西北地区都要根据本地情况，有计划、有重点、分步骤地进行，脚踏实地，有的放矢，才能取得事半功倍的成效。同时，省区之间应该加强协作，尤其是科技协作，取长补短，避免走弯路，浪费人力财力。一些先进的技术实行拿来主义，在迅速推广上下功夫，一些共性问题和难点技术可以联合攻关解决，成果共享。西北地区特有的自然环境，为气候资源研究开发利用提供了较好的场地，研究和开发气候资源大有作为，一定能形成气候资源开发利用的科技优势和特色。

(三) 对策建议

1. 更新观念，充分重视气候资源的开发利用

气候资源是一种经济资源，随着科学技术的进步，其经济价值将会更多地显示出来。西北地区丰富的光能资源和风能资源开发利用潜力大。不仅如此，气候资源在各行各业的合理开发利用所带来的潜在的经济效益更不可低估。西北地区气候资源属稀疏型和偏态型，气候资源开发利用程度深浅对社会经济持续发展影响更大。因此，各级政府应切实从认识上提高，观念上更新，思想上重视，行动上体现，加大气候资源的开发力度，发挥气候资源在经济建设中应有的作用。

2. 开发利用自然资源必须保护气候资源

西北地区生态环境脆弱，气候易向不利条件变化，灾害频繁，从而影响气候资源的开发利用。因此，在开发利用气候资源时应对气候资源本身加以保护，同时，在开发利用其他自然资源如土地资源、水资源、生物资源、矿产资源等时，必须对气候资源加以保护。事实上，对气候资源造成严重破坏的恰恰是其他资源的不合理开发利用。这种不合理的利用影响和限制了气候资源的进一步开发利用，而其他资源也因气候资源的破坏而制约了进一步的开发利用，形成恶性循环。如无限制地开垦土地，超越了土地承载力，引起土地退化，再加上生物资源的滥砍滥伐，造成生态失衡，引起气候变化，干旱少雨，风沙侵蚀，进一步造成

土地沙化，生物物种减少甚至灭绝。这种情况尤其在西北地区非常容易发生，不仅造成气候资源的破坏，而且影响了土地资源和生物资源的浪费和破坏。目前，已颁布了《中华人民共和国土地法》《中华人民共和国森林法》《中华人民共和国水法》《中华人民共和国环境保护法》，其中也部分涉及气候资源的保护内容，希望能依法开发利用土地和水资源，并能严格执法，落到实处。对气候资源保护不详尽之处，希望能具体化。

3. 提高气候预测的精度，加强气候分析的深度和广度，扩大服务领域

超前、准确地为各部门提供短期和长期气候预测结果，可以提供趋利避害的依据，减少或避免损失。气候预测和分析应该在传统的主要为农牧业服务方面精益求精的基础上，开拓更广阔的应用领域，而其中的关键在于提高预测结果的精度和气候分析的广度和深度。为此，应加大科研投资，科研和业务紧密结合，尽快实现这种转化。

4. 加强气象灾害研究和预测，提供防灾、减灾的科学依据

西北地区灾害性天气频繁，对国民经济建设和人民生命财产危害严重。因此，灾害性天气研究和预报应作为重点加以资助，尤其对西北地区常出现的五大灾害（干旱、冰雹、霜冻、风沙、干热风），要壮大研究队伍，结合实际应用，研究解决的方法和防灾技术。

5. 切实解决农牧业气候资源开发利用中的问题

(1) 提高光、热、水、土利用率，大力推广先进的实用生产技术，如塑料大棚、地膜覆盖等技术应采取有效措施推广普及。

(2) 加强干旱区降水资源利用技术的研究和试验，加速雨养农业的试验和推广。

(3) 提高作物品种的抗逆性，试验推广抗逆性强和高产优良品种；加强优势基地的建设，解决有关问题。

(4) 开发绿洲，保护绿洲，改善气候条件，走高效生态农业的发展之路。

6. 加速气候资源新能源的开发和推广普及

(1) 实施跨世纪阳光工程。太阳能具有广泛的应用领域，中国已将太阳能的开发利用列入21世纪议程。实施“跨世纪阳光工程”可以加速太阳能的开发利用步伐，加速资源优势向经济优势的转化。

(2) 加强风电技术研究，加速风力机的推广普及。

(3) 新能源开发利用中的高新技术研究和应用，应以引进为主，以引进促进科研开发水平提高。

第四章

西北地区矿产、能源资源开发

第一节　西北地区矿产资源开发利用

一、西北地区矿产资源概况

(一) 西北五省成矿条件

西北地区由于其特殊历史条件及地理位置，形成了具有一定时空分布特征的成矿区域。在地质历史过程中发生过多阶段、长时间的地质构造运动，其成矿地质条件优越，蕴藏着丰富的矿产资源，属于典型的陆内造山带地区。西北地区位于欧亚大陆的中心地带，总体上属于古亚洲造山带，南面邻接特提斯造山带，东面接环太平洋造山带，其以塔里木陆块为主干，呈一种多陆块、多造山带镶嵌式的盆山构造模式。

(二) 中国西北主要矿产及其分布

西北地区能源矿产储量丰富，主要资源有煤矿、石油、天然气、镍矿、铜、铅锌、铁、稀有稀土金属等。根据数据统计，在探明储量中，煤矿、陆上石油、天然气及镍矿分别占全国总量的 29.9%、22.7%、58.5%和 62%；矿产资源潜在总值基本都位于全国前列，其中青海、陕西、新疆分别为全国第一、第四、第六位，总计达 92.6 万亿元。

在西北地区中，煤矿以陕西和新疆两省区资源最为丰富，它们储存了全国煤炭资源保有储量的 25.5%。鄂尔多斯、准噶尔、吐哈、塔里木和柴达木五大盆地约占有石油储量的 22.2%。颚尔多斯和塔里木两大盆地储存了全国 43.3%的天然气。铬铁矿保有储量的 27.8%集中在新疆、甘肃和青海 3 省区。我国已查明的镍金属储量为 360 万 t，以甘肃储量最多。

石油资源以新疆南部塔里木盆地为代表，其位于天山、昆仑山及阿尔金山之间，作业区域遍及塔里木盆地周边南疆五地州二十多个县市，它是中国重要的油气储藏盆地之一，是中国石油第三大油田，现累计探明石油储量达 6.2 亿 t，为我国西部地区能源供应提供了重要保障。

镍矿以甘肃省金昌市境内金川镍矿为代表，其位于祁连山北麓、河西走廊中部，于1958年由甘肃省地质局勘查发现，隶属于中国有色金属工业总公司金川有色金属公司。金川镍矿以“深、大、富”著称，“深”即矿体埋藏深，平均深度达到500～600m以上，最大深度为1000m；“大”即为世界超大型硫化镍铜矿床，仅次于加拿大的Sudbury矿区和俄罗斯的Noril sk. Talnkh矿区；“富”即矿石含镍品位高，伴生金属品种多。金川镍矿经过近半世纪的勘探、开发和建设，已然成为我国目前最大的镍、钴生产基地。

煤炭资源以神华集团有限责任公司（简称神华集团）为代表，神华集团于1995年成立，是中央直管国有骨干企业，建立之初就已以煤炭资源为立足之本，并逐渐发展电力、铁路煤制油、煤化工系统等相关能源产业，成为具有产运销一条龙经营特征、规模化和现代化为一体的特大型能源企业，其下属煤矿单位包括陕西神延煤炭有限责任公司、宁夏煤业集团有限责任公司、神东集团等，广泛分布于陕西、宁夏、新疆等地。

天然气资源区主要分布在我国新疆地区，新疆拥有塔里木盆地、准噶尔盆地和吐哈油气盆地，其探明天然气储量约$1.3\times10^{12}m^3$，其中天然气又以塔里木盆地为主，在2019年底探明天然气地质储量约占新疆三大油气盆地天然气探明储量的72%左右。

二、西北地区矿产资源开发利用的对策建议

（一）加大勘查力度，提高资源保证程度

当前，我国矿产资源勘查正处于关键时期，既要为工农业发展所急需的矿产提供储量，又要为经济建设做好资源储备。较大幅度地增加地勘投入，切实加强矿产资源勘查，争取地质找矿能有新的突破，再发现与探明一批后备矿产基地，延长矿山服务年限，组织科技攻关，加速矿产资源找寻与利用。

地质找矿是一项长周期、高风险的事业，找矿成功率一般在7%左

右。随着地表（近地表）易找矿的不断被发现，找矿难度越来越大，成功率必将随之降低。因此，提前若干年进行矿产勘查，才能使矿山建设得到基本的矿山资源保证，否则“临渴掘井”“等米下锅”必将拖“四个现代化”的后腿。加大矿业开发力度，开源节流是摆在我们面前的必由之路。

（二）依靠科技进步，促进资源优势转化为经济优势

西部矿产资源开发要依靠科技进步，组织科技攻关，提高矿产资源利用程度，促进矿产资源优势转化为产业和经济优势，重点是矿产资源综合开发利用，难采、难选矿石的选冶技术研究，矿产的新用途开发，节约用水和减少运输量的新品种以及适合出口换汇及具有价格优势的品种的研究开发，组织部门联合攻关，切实把资源优势转化为经济优势，走合理开发利用、科技进步的道路。

（三）保证急缺矿种的勘查经费，为我国经济建设战略西移做好资源准备

我国矿产资源人均占有量低，仅为世界人均占有水平的一半。目前一些重要矿产资源都很紧缺，除煤、稀土元素、钨、钼、铅锌及部分非金属矿产保证程度较高外，其他矿产供需矛盾都十分突出，铜矿严重短缺，年需花费数十亿美元从国外进口铜材；钴、铂族金属、铬、金刚石奇缺，至今基本上没有独立铂、钴矿床。工业建设中所需铂、钴金属，少量作为伴生元素随主矿回收，所需90%以上的铂和92%的金刚石靠进口来弥补；金银亦处于“等米下锅”之势；农业所急需的钾严重不足，致使全国大部分耕地氮、磷、钾肥比例严重失调，影响了农业丰产。

我国西部矿产资源丰富，地质基础研究较差，勘查程度较低，通过新一轮的矿产资源快速勘查，必将为我国急缺矿种后备基地的替补作出重大贡献。目前已经发现了一些铜、铁、镍、锡、铅锌、金、银的大型（超大型）矿床，同时还发现有可能形成独立铂族金属、钴矿床的地质

体和镍、金刚石新矿床类型，及青海和新疆丰富的现代盐湖资源，说明本地区急缺矿种的找矿和开发潜力巨大。应用新技术、新方法对本地区进行综合评价研究，努力保证急缺矿种的勘查经费，为我国经济建设战略西移做好资源准备。

此外，矿产资源的综合利用，提高资源综合效益，延长矿山服务年限；加强管理，克服严重浪费；加强非金属矿产的开发利用；实行开源与节流并重的方针，走“资源节约型”经济的发展道路；不容忽视的环境污染的治理等是我们为祖国建设腾飞做好资源准备必须注重的问题。

第二节　西北地区能源资源开发利用

一、西北地区能源资源分布状况

西北地区（陕西省、甘肃省、宁夏回族自治区、青海省和新疆维吾尔自治区）地域辽阔，地质构造复杂，地貌类型多种多样，能源资源蕴藏丰富，种类齐全，为发展能源工业，振兴和加速地区经济发展提供了重要的物质保障。据有关资料显示，除甘肃省外，其他省区都属我国能源特富省区，许多能源资源都具有全国意义，潜力巨大。

（一）煤炭资源

西北地区是我国煤炭资源较丰富的地区，煤炭预测储量居全国首位；探明保有储量占全国的21%左右，仅次于华北区，居全国第二位。西北各省区煤炭资源的分布情况如下。

1. 陕西省煤炭资源分布状况

陕西煤炭资源储量丰富，主要分布在如下一些地区。

(1) 神府榆横地区

这一地区煤炭资源特别丰富，储量特别大，而且煤质优良，开采条件也特别优越，地理位置接近煤炭消费区。该地区有陕北侏罗纪和石炭二叠纪两大煤田，广泛分布于西北地区六县市，煤层稳定，单层厚度大，水文地质条件比较简单，煤层顶层稳定。

在该区的两大煤田中，陕北侏罗纪煤田（如神府煤田等）探明储量之大、质量之优、开采条件之优越，驰名中外。该煤田呈北东—南西分布，东、中部埋藏较深。煤的工业牌号主要为低变质的长焰煤、不粘煤、弱粘煤。

神府矿区为陕北侏罗纪煤田的一小部分，位于神木县的北部，府谷县的西部，煤炭埋藏浅，部分煤层可露天开采。煤层稳定、厚度大，适合机械化生产。

（2）陕西延安地区

该地区煤炭资源储量大、分布广。除志丹、吴旗、洛川、宜川四县外，其他各县均有煤炭分布。其中子长、安塞、延安、延川、甘泉、富县和黄陵七县市都进行过较详细的地质勘探，并有储量资源。尤其是子长、黄陵和延安三县（市）储量大，煤质好，且埋藏浅，易开采。

这一地区的煤田是陆台型内陆盆地的中生代煤田。煤系分属两个地层，北部和中东部煤层赋存于上三叠系延长群，通称瓦窑堡煤系，现已开发的有子长和延安两个矿区；西南和西部煤流赋存于下侏罗系延安群，称依食村煤系，现已开发的矿区有黄陵矿区。

（3）陕西渭北地区

该区包括两大煤田：黄陇侏罗纪煤田和渭北石炭二叠纪煤田。其中黄陇侏罗纪煤田主要分布在黄陵店头、铜川焦坪、耀县照金和旬邑、彬县、麟游、凤翔、陇县至陕西省界的广大地区，呈北东—南西向带状分布，煤的工业牌号为长焰煤、不粘结或弱粘结煤，水文地质条件简单，除部分地区顶展板有油和气，对开采有一定的影响外，基本属于易开采矿区；彬长矿区其工业牌号为长焰煤、弱粘结或不粘结煤，水文地质条件也较简单；旬东普查区，煤的工业牌号、开采条件也与以上矿区条件类似。

至于渭北石炭二叠纪煤田，包括铜川、蒲城、澄合、韩城四个生产矿区在内，其共同特点是煤质多为贫煤或瘦煤，水文地质条件一般都比较简单；只在澄城、韩城等地的个别矿区存在裂隙水和溶洞水，可能对开采有一定影响。

总之，陕西省煤炭资源储量大、质量高，多属“三低”（低硫、低磷、低灰）“二高”（高挥发分、高发热量）的优质烟煤，煤种以动力煤为主，对于发展能源工业和煤化工工业较为有利。

2. 甘肃省煤炭资源分布状况

甘肃省煤炭资源种类比较齐全，但量上配比不均，主要分布在东部和中部两个地区，在河西、陇南、甘南也有部分分布。

甘肃煤炭资源成煤期主要有中、晚石炭纪、早二叠纪、晚三叠纪及中、晚侏罗纪。中侏罗纪为重要成煤期，已探明储量占甘肃省全省总储量的90%以上。含煤层系主要包括以下几方面。

（1）中石炭统

岩性为砂岩、泥岩、粉砂岩、灰岩及煤层等，属于海陆交互相沉积。根据靖远瓷窑剖面，可分为上部羊虎沟组：岩性为黑色、土灰、土黄色钙质、砂质页岩、灰岩、泥灰岩夹薄煤层，底部为砂砾岩，与下伏层组呈连续沉积；下部靖远组：岩性为黑灰色砂质页岩夹薄层灰岩、钙质泥岩和细砂岩、煤层，下部夹薄层石膏，与下伏地层呈平行不整合接触。矿点分布主要在靖远县井儿川、磁窑一带。煤质为中灰高硫的气煤、气肥煤。

（2）下二叠统山西组

岩性为灰、灰黑色砂质泥岩、泥岩及石英砂岩等，属湖泊、沼泽相沉积，底部含煤层，整合或平行不整合覆于上石炭统之上。出露于平凉地区的二三道沟、小湾子一带。煤质为中变质程度的高灰、高硫气肥煤和气煤。炼焦后供当地使用。

（3）上三叠统南营儿群

属内陆湖泊、沼泽相含煤沉积建造。岩性为灰绿、浅灰黑色细砂岩、砂质泥岩、炭质泥岩及薄煤层。除双龙地区含煤性较好外，一般含煤性不好。已知矿点有天祝大峨岂、西大滩、双龙等地。一般交通不便，构造复杂，煤层薄，储量少，煤质一般为中高变质程度的中—低灰、中—低硫的焦性碳和贫煤。

（4）中侏罗统

可分为两个层组，自上而下，王家山组：属湖泊沼泽相沉积，下部为草绿色砂岩，主要由灰—灰白砾岩、砂砾岩和杂色、紫红色、灰绿色粉砂岩、泥岩；上部为草黄色、灰绿色砂岩、粉砂岩、炭质泥岩和煤层。窑街组：为河湖、沼泽相含煤沉积建造，主要岩性为灰白、灰黑色砂岩、砂砾岩、粘土质泥岩、炭质泥岩及煤层，是甘肃界内极重要的含煤地层，该含煤地层一般含煤面积小，但煤层赋存厚，储量大，煤质多为低变质程度，中—低灰、低硫的长焰煤、不粘煤及弱粘煤。主要有阿干、窑街、靖远、华安、庆阳、大有等煤田（矿区）。九条岭煤矿为高变质的中灰、低硫无烟煤，是甘肃省唯一的主要无烟煤基地。焦性煤有天祝炭山岭、肃北通畅口、金塔北山煤窑等地，为中变质程度，低—中灰、低—中硫气煤、肥煤。

（5）上侏罗统化垭群

岩性比较复杂，为一套以巨厚的碎屑岩为主的河流、湖泊及山麓相沉积，由灰、灰绿、紫红色泥岩、粉砂岩、砂岩、砾岩及泥灰岩夹薄层煤层组成。其岩性自下而上分为三个层组：田坝组、周家湾组和阎家湾组。阎家湾组为含煤层组，一般含煤达20余层之多，但多呈煤线，很少达0.4m厚，煤层极不稳定，结构也复杂。煤质牌号为长焰煤。主要出露在徽县马鞍山、成县化垭等地。

分布在河西武威、张掖等地的含煤地层主要是上石炭统太原群，岩性为黄褐、深灰色砂岩、泥岩、灰岩、粘土及煤层等，属海陆交互相沉积，是甘肃重要含煤地层之一。分布面积广，矿点多，但煤层一般较薄，构造复杂，面积小，储量少。煤质属中—高变质的焦性煤——无烟煤。其中焦性煤产地主要有：山丹平坡、东水泉、花草滩、羊虎沟、景泰县新西井—方家井、永昌县马营沟、马家湾、肃南县窑沟、大小肋巴等；无烟煤和贫煤主要产在武威大沙沟、肃南康龙寺、灰大板、张掖苏油口等地。

3. 宁夏回族自治区煤炭资源分布状况

宁夏地区煤炭资源总的分布特点如下所示。

(1) 分布面积广，储量大

宁夏含煤面积广布于全区除隆德、泾源、西吉、永宁、吴忠五县市之外的15个市、县。含煤地层主要是石炭系上统太原组、二叠系下统山西组和侏罗系中下统延安组。

(2) 煤种齐全，煤质优良

宁夏煤炭资源相对来说种类也比较齐全，十大类煤炭中仅缺弱粘煤，属全国少见。其中，炼焦用煤主要分布在贺兰山（石炭井、呼鲁斯台）、宁东（横山堡、韦川）两大含煤区的山西组煤层；灵武侏罗系煤层属低灰、低硫、低磷的不粘煤，是很好的动力用煤和化工原料；无烟煤和贫煤多分布于贺兰山和宁东含煤区。

宁夏煤炭煤质优良，尤以贺兰山汝箕沟早中侏罗世优质无烟煤（“太西煤”）为佳，具有“三低、六高”的特点，质量堪称全国无烟煤之冠。所谓“三低”，是指灰分低、硫分低、磷分低。所谓“六高”，是指发热量高、电阻率高、机械强度高、精煤回收率高、原煤块煤率高、化学活性高。

(3) 开采条件好

宁夏地区煤炭资源多赋存在宽缓的向斜、背斜和单斜内，且多集中于褶皱的边部、深部，受断层破坏影响小，易于施工。煤层埋藏浅，一般埋深在100～300m之间，有的甚至裸露于地表。各主要矿区多为煤层群，主采层为厚煤层，储量大而集中。各矿区一般位于当地侵蚀基准面之上，含煤地层的富水性较差，水文地质条件普遍简单。各主要煤田距铁路较近，交通较方便，具备良好的开采条件。

4. 青海省煤炭资源分布状况

青海省煤炭资源具有多时代、成煤环境和型相复杂、煤种比较齐全、分布不均衡等特点。成煤时代以中侏罗世为主，占全省探明总储量的 92%，次为石炭纪，另外还有少量属上三叠世。在分布上，按成煤地质条件可划分为祁连、柴北缘、东昆仑、巴颜喀拉北坡、唐古拉五大含煤区。

（1）祁连含煤区

该区分布在青海省东北部，包括中、北祁连两个成矿带，是青海省最主要的聚煤区。其中，北祁连成矿带沿黑河流域向东延伸到冷龙岭，赋煤层以上石炭统为主，次为中侏罗统、上三叠统。主要矿区由西而东有：天峻县瓦胡寺、祁连县青羊沟、阿力克、多洛和门源县宁缠等，煤类以瘦煤为主，次有贫煤、肥煤、无烟煤，其中宁缠矿区贡玛井田探明无烟煤。

中祁连成矿带，分布于大通河、西宁一些大小盆地区，横亘天峻、刚察、祁连、门源、大通、互助等县，其中以木里大型煤田为主体的聚乎更、弧山、江仓、热水矿区和大通煤矿区多具大、中型规模，其余为一些小煤矿。共计有矿区（井田）25 处，探明储量占全省总储量的 85%以上。赋煤层除门源县万固、克图小煤矿为上三叠统外，均为中下侏罗统。煤类绝大部分为炼焦用煤，其中焦煤 31.6 亿 t，占全省总储量的 71.6%。

（2）柴北缘含煤区

该含煤区是青海省第二聚煤区，主要有大柴旦鱼卡、大头羊、缘草山、大煤沟、西大滩、石灰沟和乌兰县旺泵秀等矿区，共计有矿区（井田）13 处，共探明储量占全省总储量的 6%。赋煤层以中下侏罗统为主，次为上石炭统。煤类以长焰煤、弱粘结煤为主，是优质燃料及动力用煤。

（3）东昆仑含煤区

该含煤区分布在东昆仑东段，赋煤层有上石炭统、上三叠统、中下侏罗统，已知产地 20 余处，其中都兰县塔妥、兴海县苦海、玛多县红土坡等煤矿探明储量仅占全省的 0.4%。

（4）巴颜喀拉北坡含煤区

该含煤区分布于阿尼玛卿山和北巴颜喀拉山北侧，赋煤层为中下侏罗统。在已知矿点中探明有玛沁县大武、野马滩2处小煤矿，储量仅占青海省总储量的0.1%。

(5) 唐古拉含煤区

该含煤区分布于乌丽—囊谦一带，赋煤层有下石炭统、上二叠统、上三叠统，已发现含煤区（点）40处，勘探评价有杂多县巴马、囊谦县白扎、豹草沟等小煤矿。该含煤区含煤岩系广布，预测煤矿潜在资源量百亿吨以上。

5. 新疆维吾尔自治区煤炭资源分布状况

新疆的煤炭地层面积预计为30.7万km^2，约占自治区面积的18%，预测地下垂深2000m以浅的储量1.6万亿t，约占全国总量的35.9%，居全国之冠。已探明储量942亿t，占预测储量的5.9%，其中保有储量944亿t。新疆煤炭资源具有如下特点。

(1) 成煤时代多，成煤盆地多，分布面积广

新疆煤炭资源分布十分广泛，在全疆85个县市中，64个县市有成煤的地质构造。大多数煤田形成在早—中侏罗纪，属于远海内陆盆地型。

(2) 煤层多，厚度大，资源集中，大型煤田多

从已探明的一些煤田的煤层贮存情况看，有的含煤多达30层以上，总厚度超过100m，单位面积储量大，煤质好，低硫（含硫量在1%以下）、低灰（灰分在10%左右）。一些煤田埋藏较浅，易于露天开采；一些煤田离兰新铁路和主要公路干线较近，水、电、交通便利，易于开发利用和外运。

(3) 煤的牌号齐全

有气煤、肥煤、瘦煤、焦煤、长焰煤、弱粘结煤、不粘结煤、牌号不明的煤等。其中，乌鲁木齐矿区主要是长焰煤，为动力煤基地；艾维尔沟矿区为焦煤基地，煤含硫、磷率很低，且发热量高，是全国少有的优质焦煤，经济价值高。

西北地区煤炭资源十分丰富，且分布广泛，共同的特点是品种齐

全，煤质优良，埋藏较浅，层位稳定，水文地质条件简单，大部分煤田的采运条件较好（除青海部分煤田或矿区），便于开发利用和大力发展煤炭工业和煤化学工业，是地区经济发展的强大后盾。

（二）石油、天然气资源

西北地区是我国重要的石油资源储备地区，沉积岩面积广，油气显示广泛，储量丰富，是内陆储油、储气丰富区之一，主要分布在塔里木盆地、准噶尔盆地、吐鲁番盆地等大小近 50 个盆地，其次还有陕甘宁盆地、柴达木盆地和河西走廊一带。

1. 陕西省石油、天然气资源分布状况

陕西省的石油、天然气资源主要分布在陕北的神府榆横地区和延安地区。

（1）神府榆横地区

这一地区的石油资源主要分布在定边县红柳沟一带。据长庆石油勘探局勘探，已探明有开采价值的油田有三处：红柳沟成油区、油房庄成油区、东红庄成油区。该区天然气资源也十分可观，为全国著名的天然气区。

（2）延安地区

该区石油主要分布在五个区域。一是延长油矿所属矿区，包括延长县七里村、延川县永坪、延安市青化砭、甘谷驿和子长县的子长油田。甘谷驿油田开发的油层属上三叠系延长统第三段，油层西倾。永坪、七里村、青化砭和子长油田开发的油层属延长统第四段，油层西倾。二是吴旗油田，包括吴旗、志丹油藏富集带地段，分布于吴旗薛贫北罗坪及志丹永宁等地，上三叠系油层与下侏罗系油层均有分布。油层总厚度10～20m，单层厚 1m 左右。三是直罗油田，系葫芦河一带的浅油气层，油层厚 10～15m，油气区面积 30 余 km^2。产油层为延长统第四段和侏罗系延安统。四是安塞油田，主要在安塞区北部的坪桥和西南部王窑一带，是近年新开发的油区，开发层位为三叠系延长统第三段和第四段。五是甘泉下寺湾油田，产油层为侏罗系延安统和上三叠系延长统。

除此之外，还有姚店、牛武等几个主要探区。

这一地区石油累计地质储量4.30亿t，储油面积1325.5km^2。这一地区除了丰富的石油资源外，还有伴随含油地层伴生的天然气资源，主要分布在葫芦河上游的直罗和尚塬等地。其中，直罗油气区控制总面积30余km^2，已经探明储气面积26.3km^2，储量16.6亿m^3。含油气岩层主要是原层块状砂岩及细砂岩，物性良好，便于开采。油气赋存于延长统或延安统，属浅层油气田，有较好发展远景。在该含气区外围，还发现有4个出气井点，单井日产气量最大6794m^3。另外，在富县直罗南川及甘泉下寺湾至王坪一带均发现有油气显示，获气井30余口，最大日产气量15844m^3。

2. 甘肃省石油、天然气资源分布状况

甘肃境内油气资源相对较少，目前已普遍开采利用。主要分布在西部的玉门油区和东部的长庆油区。

玉门油区位于酒西盆地，主要生油层为侏罗—白垩系地层。成油组合有白垩系自生自储岩性油藏、志留系新生古储的基岩裂隙油藏及第三系的古生新储油藏。油藏特点是：含油面积小（一般小于10km^2），有效厚度2.7～16.5m，含油气丰富；出露地表地层为酒泉砾石和第三系玉门砾岩，井上钻遇地层有新生界、中生界、古生界地层；构造类型繁多，有背斜、断块、鼻状、水动力、岩性构造、基岩裂缝等；沉积相模式多样，有湖相泥岩、浊积岩、冲积扇相砂砾岩、河流三角洲砂泥互层、辫状河流相砂岩等，主要储油层是河流相、冲积扇相的砂体，岩性以长石硬砂岩为主，胶结物为泥质、钙质，岩石颗粒混杂，磨圆度及分选较差，物性中等—差，剖面非均质性较强；孔隙结构以中小孔喉分布为主；天然气含量少；原油物性粘度低、比重低、含硫量低；油藏驱动类型主要是封闭型边水、底水弹性驱动。

长庆油区在甘肃省东部，属陕甘宁盆地的一部分。其主要有三套含油层系：侏罗系延安组、三叠系延长统、石炭二叠系。其中，侏罗系延安组为主要开发油层，属河流—湖沼相沉积，厚250～360m，岩性变化大，物性差，渗透率一般 50 毫达西左右，构造平缓，油藏多以岩性为主的隐蔽圈闭。延安组共分 10 个油层组，含油层以下部油组为主，底部延 10 油层是主油层。

三叠系延长统为内陆湖相砂、泥岩沉积，油层在盆地内分布范围广，累积厚度大，但储油物性极差，单井产量低，一般无自然能量，属特低渗油层。共计可划分 10 个油层组，上部油层组有 1～3 层油，渗透性相对较好，渗透率平均 1～10 毫达西，试油日产油达 5～15m^3，个别大于 50m^3/日，但含水量很高；下部油层组有 6～8 层油，渗透率特低，平均小于 1 毫达西，压裂前不出油，压后日产油 1～5m^3。

石炭二叠系为近海平原相煤系地层，煤层厚度大于 20m 的范围达 10km^2，是勘探煤成气的有利层系。甘肃的天然气资源量有限，也主要集中在玉门和长庆两区。另外，在甘、青交界的海石湾也发现有油气显示。

3. 宁夏回族自治区石油、天然气资源分布状况

宁夏地区的石油资源主要分布在宁夏东部的灵盐台地，属中朝准地台西缘的鄂尔多斯西缘坳陷带，面积 5000 多 km^2，含油气面积 58.5km^2（加上部分延伸到陕西省定边县，含油气总面积 64.8km^2），石油探明储量 3668 万 t。现已探明盐池县红井子、马坊、摆宴井、大水坑以及灵武县马家滩、李庄子 6 个中小型油田。生、储油气岩系主要为中生界上三叠统延长群，其次为侏罗系中下统延安组。

宁夏已发现的天然气主要有 4 种成因类型，即油型气、煤成气、混合气和沼气，主要分布在灵武、盐池一带。其中，达到工业气井的有 2 处，一处是灵武县刘家庄气井，日产量大于 1 万 m^3，最大一层日产约 5.8 万 m^3；另一处是横山堡地区，累计已获 1 万 m^3 以上的工业气井 6 口。此外，胜利井、胜利井北有工业气流构造，在其他地区也发现有油气显示。

4. 青海省石油、天然气资源分布状况

青海油气资源主要集中在柴达木盆地一带。柴达木盆地是我国含油

气资源内陆沉积盆地之一，中、新生界沉积最大厚度1.6万m，有侏罗系、第三系、第四系三套含油气层系，生油层以第三系为主，次为侏罗系，生气层主要为第四系。根据历年区域石油地质调查与勘探，盆地分为4个含油气区，即西部茫崖主要含油气坳陷区、北部冷湖含油气坳陷区、南部“三湖”主要含气坳陷区、东部德令哈含油气坳陷远景区。

柴达木盆地石油开发始于20世纪50年代后期，最早是冷湖3个小油田，20世纪80年代以来重点进行了花土沟、尕斯库勒等中型油田的勘探与开发，现年产原油已超过百万吨。天然气的开发已列入国家和青海省计划。

5. 新疆维吾尔自治区石油、天然气资源分布状况

新疆的石油和天然气资源在全国占有重要的地位。准噶尔、塔里木、吐鲁番三大油气沉积盆地以及其他19个大小沉积盆地，成油地质条件好，沉积面积达92万km^2，约占我国陆地沉积面积的1/4。国家对新疆石油及天然气资源进行了大规模的勘探，基本完成了三大盆地地面石油地质详查、重磁力普查和部分电探法工作。全疆石油预测资源总量300亿～500亿t，占全国总量的35%左右。在准噶尔盆地现已发现的油田有：克拉玛依、独山子、齐古、车排子、红山嘴、百口泉、乌尔乐、风坡、夏子街、火烧山等10余个油气田。

从总体上来讲，西北地区能源资源相当丰富，资源结构合理，在分布上相对集中。例如，煤炭资源主要分布在陕北—宁东一带和陕甘两省毗邻的千（阳）陇（县）华（亭）、陕西的渭北、彬（县）长（武）和新疆的天山南北麓地带；石油、天然气主要分布在陕甘宁的毗邻地区、青海柴达木盆地和新疆的准噶尔、塔里木、吐（鲁番）哈（密）盆地等地区。这种相对集中分布的特征，为西北地区能源资源的大规模开发利用提供了较为有利的条件，同时也为西北地区丰富的矿产资源的大规模开发利用提供了有力的能源保证。

尽管西北地区在能源资源开发利用中存在许多问题，有的甚至是比较严重的问题，但是，由于西北地区能源资源储量可观，开发潜力大，

从全国意义上讲，具有支撑我国经济，尤其是西部经济持续快速发展的重要地位。另外，西北地区能源资源相对较集中，多数矿区地质构造较好，只要采取有效措施，尽快解决一些必需的问题，西北地区将能充分发挥我国重要的能源基地的作用。

二、西北地区能源资源开发利用战略与对策

（一）适当增加地质勘探投资，加大勘探力度，扩大资源探明储量

目前，我国许多资源（包括能源资源）储量多属于预探储量，而不是实际探明储量，更不是保有储量或可采储量。西北地区能源资源调查情况也是如此。因此适当增加地质勘探经费，加强矿产资源的勘探工作，以便于开发与利用的宏观规划。

从目前情况看来，资源地质勘探程度低，可供利用储量少，已成为影响能源工业建设布局和地区经济持续发展的突出问题。从现有的探明储量看，还不具备石油等能源工业西移的接替条件。而能源工业战略西移是保证我国国民经济及社会持续高速发展的重要条件。

（二）加强以能源化工为主的深加工产品及综合利用的研究，促进能源化工工业和综合利用工业的配套建立与发展

西北地区能源矿产的加工层次比较低，产品的附加价值低，大部分以销售原煤、原油或二级粗加工产品为主，效益差，浪费严重。因此，今后应加强对能源矿产的深度开发利用的研究。如煤炭资源的利用，目前以作燃料或原煤外销为主要方式，其次是将煤炭转化为电力，再次是煤炭的粗加工、深加工，生产活性炭、碳素等产品。而将煤气化后，生产多种化工原料产品，即煤化工工业，西北几乎还是空白。另外，石化产品的加工层次越高，所涉及的行业就越多，社会分工越细，这将对地方工业结构和产品结构的优化产生深刻的影响，同时，随着加工程度的深化，资源的综合利用率相应提高，形成相同产品价值和效益所消耗的

资源就越少，从而实现资源的最佳有效利用。总之，开辟能矿资源开发利用新途径，不断提高能矿资源的利用价值，减少能矿资源消耗量，是对能矿资源最有效的保护，同时也应该是我国能矿资源开发利用的主要思路和方式。

（三）克服能源资源开发中急功近利的短期意识和行为，把能源工业的扩张建立在对资源进行有序开发的基础上

所谓资源的有序开发，是指遵循资源开发产业的成长规律，一是对能源资源已探明的工业储量，要确定合理的开发模式；二是对已经形成规模的开发能力，要为其保持后续发展能力及时提供后备资源的保证；三是在生产过程中，要保持各生产环节的比例关系；四是在能源工业与高能耗的原材料工业之间，要保持能源工业适度超前发展的势头。在新的发展阶段中，对以非再生性资源的开发为主的能源工业，必须确立长期、持续发展的观念，把急功近利的盲目、无序开发，转变为科学、合理的有序开发。

（四）重视技术进步对能源工业发展的推动作用，把对能源资源的粗放型开发转变为集约型开发

以技术进步来推动能源工业的发展，是使西北地区能源经济由粗放型、低效率转变为集约型、高效率的关键。由于长期沿袭分散、低层次、数量扩张型的单一开发方式，使西北地区能源、原材料工业技术装备和工艺老化、产品质量水平低、实物消耗高等问题比较突出。例如兰化和兰炼，是国家在“三线”建设时期在甘肃投资建设的两个大型石油化学工业企业，规模大，技术基础也较好，一度曾为我国经济发展发挥了重要的作用。但是，随着我国石油工业重心的东移，国家在该地的投资逐渐减少，致使设备更新和技术改造跟不上生产和市场的需要，产品效益明显滑坡，形成“支柱难支”的局面。相对来说，甘肃在西北五省（区）中，对能源资源的开发时间最早，技术积累也最为雄厚，其能源工业总产值在西北能源工业中也占有很大比重。因此，上述现象在西北

地区的能源资源开发中具有一定的典型性和代表性。

这里还需要强调的是，能源资源，尤其是煤炭、石油、天然气资源均属于一次性非再生资源，随着开发过程的持续，或迟或早总会进入开发后期。为了保持对这些资源持久的开发能力，除了增加后备储量之外，不断扩大单位资源产品中的技术要素含量，提高资源回采率和综合利用率，也是促进地区能源工业及能源经济发展的一条重要途径。这不仅为发达国家的经济发展实践所证实，就是在国内的发达地区，甚至在经济比较落后的西北地区，也不乏这方面的成功范例。

另一方面，随着新疆新油田的勘探工作取得突破性的进展和陕甘宁特大天然气田的发现，国家确定了把石油开发重点逐步西移的方针，从而为西北地区石油化学工业的重新振兴带来了机会和希望。因此，西北地区石油化学工业今后应该加强技术投入和老工艺的革新改造，争取把本地区建成全国内陆地区最大的石油后备资源基地和石油化工产品加工基地，为区域经济和国民经济的发展提供必需的石油、化工材料。为此，西北地区应以兰州和克拉玛依、玉门、长庆以及南疆油田等基地为依托，建立区域内东、中、西“三足鼎立”、比较完备的石油开采、加工和深加工的生产体系。一是要进一步加快新疆准噶尔、塔里木、吐哈盆地以及陕甘宁油气田勘探、开发工作，逐步提高其生产能力和质量。二是实现内涵式发展与规模扩张的动态结合。继续重点对兰州、玉门、克拉玛依等老基地和骨干企业进行改造，更新其技术装备，提高其工艺水平，使其生产规模与新油田供给能力的扩大相适应；同时，应继续重视油气开发、加工等大中型项目及输油（气）管线的建设，新建项目必须具备较高的技术水平和规模经济水平。三是把区域分工与产业分工有机结合起来，形成跨省区的油气资源开发、输送、炼制、加工和深加工的石油化工产业网络。四是发展油化纤一体化及与各类下游产业的产业关联。建立石油开采—石油加工—石油化工、化纤—精细化工一条龙生产体系，并改善石油化工原材料的产品结构，带动塑料、橡胶、纺织、医药等工业的发展，重点发展化肥、农药、农用薄膜等支农产品，形成综合性的产业体系和产品结构体系。

（五）加强能源资源的统一管理和统一规划，尽可能地避免开发过程中造成的人为破坏

为了避免由于管理体制不健全，没有统一的规划设计，让一些煤矿乱开滥采，致使许多矿点回采率降低，整体结构也遭到破坏，不能有计划地规模开采的问题。今后应加强资源立法工作，加大执法力度，切实保证对资源进行依法管理，依法开采。

（六）充分发挥西北地区水电、煤炭、油气兼备的综合优势，加强西北地区省际联合，利用联合优势推动区域经济的发展

例如，青海的水电与石油、陕甘宁的煤炭及煤成气、新疆的石油与天然气资源等，这些能源资源都是目前及今后发展区域经济的坚实后盾。如果能从整个西北地区经济发展的角度出发，协调好各省区间的关系，做到资源优势互补，互相促进，将使我国西北地区经济得到飞速的发展，成为进一步振兴我国经济的重要方面。

（七）努力搞好西北地区省际平衡，做到优势互补，共同发展

西北地区虽然能源资源种类较全较富，但在分布上却极不均衡。例如宁夏回族自治区，除了煤炭资源之外，油气资源微乎其微；陕西省除煤炭资源外，只有少量（与其实际需求量相比较而言）的油气资源，这两省都需要从省外调入大量的油气才能满足本省（区）生产和生活的需要；甘肃省虽然煤炭、油气资源都有，但数量少，且有些已进入开发后期，如果本省工业要大发展，还需从省外大量调入相应的资源或产品；青海省油气资源丰富，并且已开始进入规模开发，如果能继续筹集到资金，加大技术投入，其生产能力还可以进一步提高。因此，今后的工作重点应该是设法从整个西北地区经济发展的高度统筹规划，协调好西北地区各省能源资源的开发与利用。这样，优势互补，共同发展，对于西

北经济的腾飞，乃至全国经济的大发展都具有十分重要的战略意义。

(八) 加强乡镇工业企业的管理与规范化，在乡镇工业企业的发展中应做到有计划、有目的、有组织

例如在煤炭资源开发中，对于已探明的一些分布较分散的、不宜规模开采的矿点，可以鼓励和组织一些乡镇企业进行有组织的开采。再如在能源化学工业体系中，也可以吸收和发展一些乡镇企业，用来配套加工一些副附产品，作为主体企业的卫星企业。这样，既有利于加快地方经济的发展，也有利于促进本地能源工业规模效益的形成与提高和主体企业辐射功能的发挥。但是，必须强调的是，在这些过程中都必须加强规范化管理和统筹规划，不能盲目进行，更不能无组织地进行。

(九) 在区域发展规划中，应转变思想观念，结合市场经济发展形势，重建西部经济开发的新思路

国内外无数的事实表明，以资源为导向永远不能从根本上改变落后地区的落后面貌，当然也就不可能改变我国西部长期落后的发展局面。这是因为，以资源为导向的开发思路不符合发展商品经济的基本要求。不发达地区在探索自身开发道路的过程中，首先从资源利用上做文章虽然不失为一种开发路子，但是，如果在市场经济中仍然全方位地贯彻以资源为导向的思想，不仅无助于本地区经济的持续发展，反而会扼杀商品经济的基本精神。而按照现代市场经济的要求，开发什么、生产什么，不能简单地以自己有什么为依据，而应当以市场需要为核心，贯彻“以市场为导向”的发展原则，即“市场→产品→资源”。在市场导向下，资源仅仅是开发条件，而不是开发依据。长期坚持资源导向的开发思路是使西部地区经济发展不能摆脱小农式生产圈子的主要原因，是制约地方工业乃至地区经济快速发展的主要因素和基本症结。我国西北地区有明显的资源优势，是我国国民经济持续发展的重要能源基地。但是，正是这种独特的资源优势使西部（尤其是西北地区）长期处于地区分工中的不利地位，成为附加价值含量极低的资源输出区。本地区有十

分丰富的能源、矿产等资源，但当地十分脆弱的加工工业又使这些能源和各类原材料以极其简单原始而又不等价交换的方式参加区域流通。世界经济发展的历史规律早已表明：资源输出地区只能是其他地区经济成长的跳板。

因此，按照现代市场经济体制的要求和发展商品经济的基本规律，西部地区经济开发要摆脱资源导向的开发思路，全面树立市场导向的新思想。这里需要指出的是，将资源导向转变为市场导向，关键是要正确认识“发挥地区优势”问题。经济学研究表明，地区优势是经济发展的有利条件，但不是经济开发的出发点。经济开发中所讲的地区优势应当理解为经济优势，而不是单一指资源优势或技术优势。资源丰富只能说明发展条件好，但它本身不能直接成为经济优势。只有当这些有利的条件能够转化为市场竞争优势时，才能称其为“优势”，不能转化为市场竞争力的“有利条件”在经济发展中是不起作用的。这就是说，只有当有利的资源条件与市场需求相结合生产出适销对路的产品，把有利的资源条件转化为市场竞争力时，才能说发挥了地区优势。

另外，市场经济的发展讲求专业化分工，这与我国过去的地域分工发展思路基本是一致的。因此，应该继续加强地域分工，各地区依据本地优势，建立专业化的经济发展模式。但是，合理的地域分工建立的前提是合理的利益分配，中国西部地区在国家宏观“政策”下的利益亏损，是其发展的巨大障碍。这在我们今后的发展中应该加以重视和解决。

（十）加强配套的基础设施建设，促进西北地区能源工业的大发展

这里的能源工业包括石油化工工业、天然气化工工业和煤炭液化、汽化工业及相应的深加工工业等，这些工业的发展都需要具备一定的配套基础设施以及相应的支持产业，尤其是油（煤）气输送管网的建设，一般要求投入资金强度大，施工难度高（由于西北复杂的地质、地理条件），确实是制约目前西北能源工业发展的重要因素，如果能够设法建

成，则可以极大地减轻地面运输的压力，也可以扩大运输量及运输能力。

（十一）坚决贯彻执行国家的有关能源政策，依据国家有关能源法规，合理、合法地大力开发西北能源资源，大力推进地区经济建设进程

在现阶段，我们仍然要继续以中国特色的社会主义理论为指导，积极贯彻“开发与节约并重、近期把节约放在优先地位”的能源方针，在继续适度扩大能源开发规模与产量的同时，也应该积极将节能纳入地方经济发展中去，坚持在调整结构、优化布局中充分考虑节能因素，加强宏观调控，采取法律的、经济的和行政的各种有效措施，引导各相关企业内部挖潜，深入持久地开展节能降耗工作，依靠科技进步，积极推广应用节能新技术、新工艺、新设备、新材料，积极发展热电联产和集中供热，加快低效、高耗能锅炉的淘汰步伐，坚持不懈地开展以节能降耗为中心的技术改造，大力发展高效益、低能耗的新型产业，大力推进各地区城镇民用燃气化的进程。

我国能源工业发展的另一指导方针是“以煤炭为基础，以电力为中心，以石油、天然气勘探开发利用为突破口，积极发展风能、太阳能等新能源”。这自然也是我们西北地区能源工业发展的主导方针。因此，应继续加强全区煤炭、石油与天然气勘探开发规模，增加资源探明储量仍然是地区工业发展的重点。煤炭工业要积极贯彻“开发与保护并重”的方针，使中、小煤矿并举，努力调整产品结构与工业布局，使少数缺煤地区的短缺状况尽快得到改善。加强煤化学工业的技术开发与发展。石油天然气工业要坚持油气并举的原则，以加强勘探增加储量为中心，实现石油天然气勘探与开发协调发展。石油化学工业要立足于资源的优化配置和综合利用，坚持“油气并举，上下游结合，提高综合利用率”的原则，贯彻执行“规模经营，深度加工，提高效益”的方针，大力发展高效益的石油化学工业。

第五章

西北地区产业结构发展研究

第一节　产业结构调整的相关理论

一、产业结构演进理论

产业结构演变的因素众多，往往可以分为供给因素（资源、收入、人口、技术、资本等），需求因素（消费、投资、国际贸易等）和其他因素（制度机制、国际因素、社会和文化环境等），因此不同国家的产业发展进程不同，但产业结构的演变是有规律的。基本随着人均国民收入这一主线进行产业结构演进。相关理论涉及配第—克拉克定理、库兹涅茨产业结构论和“发展型式”理论以及不平衡增长理论。

（一）配第—克拉克定理

配第—克拉克定理的源头在于英国古典经济学家威廉·配第（William Petty）的《政治算术》，而真正对其进行验证并归纳总结的是英国统计学家科林·克拉克（C. G. Clark）。威廉·配第在其著作中提出随着社会经济发展的不断进步，产业的中心逐步从有形的物质性生产转移到无形的服务性生产。随后在17世纪中叶，根据当时英国经济发展的实际情况配第认为：工业部门的利润远远大于农业部门，而商业部门的利润则远大于工业部门。故此劳动力则将由农业部门转向工业部门，又继续由工业部门转向农业部门。直到19世纪，克拉克对配第所提出的劳动力和收入相互流动的关系学说进行计量分析。他通过对40多个国家不同年份的数据进行统计研究，验证了随着收入水平的变动，劳动力在三次产业间的分布变化趋势。后人将该结论称为配第—克拉克定理。该定理将人类经济活动分为三大产业，发现随着人均国民收入水平的上升，就业人口从第一产业流向第二产业，当人均国民收入进一步上升时，就业人口将继续由第二产业向第三产业流动。配第—克拉克定理揭露了随着经济的进步，就业结构在三次产业中的演化进程，它提出产业间相对收入的差距是就业结构变动的根本原因。

（二）库兹涅茨产业结构论

美国经济学家西蒙·史密斯·库兹涅茨（Simon Smith Kuznets）在克拉克等学者研究的基础之上选取了全面的数据对产业结构的变动进行研究，总结得出三次产业结构变动的基本规律，表示经济总量与产业结构之间存在重要联系。并将产业部门根据研究结论进行划分，将其分为“农业部门”“工业部门”“服务业部门”。库兹涅茨发现：农业部门所占国民收入比重与劳动力占比均在下降，而国民收入占比下降速度快于劳动力占比的下降速度。工业部门的国民收入占比呈不断上升趋势，而劳动力比重则保持不变或微量上升。服务业部门的国民收入占比保持不变或略微上升，而劳动力占比则保持稳定上升的态势，这就是库兹涅茨产业结构论。

（三）“发展型式”理论

美国经济学家霍利斯·钱纳里（Hollis B. Chenery）等人通过对101个国家在20世纪40年代初到60年代末的两万多个数据进行观察设定分析，进而得出产业结构在各个历史经济阶段的标准值。从中发现在经济发展中其阶段的变化对应着不同的经济结构。如果经济结构与经济发展水平不能随之对应，则该国家产业结构与标准值之间存在偏差，从而揭露了经济发展过程中的“标准型式”和其各自具备的特征，该研究进一步证明了库兹涅茨的结论。

（四）不平衡增长理论

著名发展经济学家阿尔伯特·赫希曼（Albert Otto Hirschman）在《经济发展战略》中提出不平衡增长理论。赫希曼提出发展的路径是一条“不均衡的链条”，在发展的初期选取具有领导地位的产业部门进行资源的偏向，可以有效地带动整体经济发展。赫希曼认为有限的资源应主要投入到产业关联度强的产业部门中，如钢铁产业作为具有较强的综合关联效应的产业，应进行重点扶持。钢铁产业的壮大不仅可以影响其前向关联的机械、电子等产业，也可以带动其后向关联的矿产、运输、能源等产业的进步。不平衡增长理论指出由于发展中国家企业家的缺乏以及资源的稀缺等原因，平衡增长是不现实的。发展中国家并不能将有限的资源均衡地投放在全部产业部门中，而应当集中资源优先发展关联效应强的产业，以此带动其余产业发展，并且地区发展也应存在一定顺序，不同地区的发展速度应当呈现不平衡增长。部分主导产业集中于一些地区和大城市，以较快的速度进行优先发展，从而形成具备一定经济规模、资源与技术高度集中、自身发展迅速影响深远的发展极。发展极地区的发展优势最终通过技术的转移和资源的输出带动其余地区。

二、产业结构升级优化概念

当产业结构的高度化和合理化实现有机的统一时，可以认为产业结构实现了升级优化。依据不同产业的变化规律，适当地调节产业结构，实现产业间资源禀赋的协调与产业的进步发展，从而实现社会资源的优化供给。产业规模与产业间增长速度之间存在某种动态均衡，以满足社会发展变化中不断增长的需求。在产业结构不断发展调整的进程中产业结构的优化升级作为关键因素对于产业结构的发展具有决定性的作用。在实现社会总效益最大化、完成要素优化供给的前提下，产业结构中第一产业向第二、三产业不断依次转化升级的过程，与劳动密集型产业向技术密集型、资源密集型产业转化升级的进程都是产业向高级化与合理化发展从而实现产业结构的优化升级的表现。

（一）产业结构高度化

产业结构高度化是通过经济不断的发展与技术稳定的进步而完成的，与产业结构演进规律相吻合。需求、供给、技术以及政策多因素相互作用，整体推进产业结构高度化的进程，使得产业结构发展速率和产业整体水平实现从低层次到高层次的不断演化进程。在产业结构高度化的研究中，迈克·波特在研究产业结构时通过分析 20 多个国家的竞争力，提出了通过六个因素来判断一个国家的竞争力，称之为钻石模型。这 6 个因素分别是要素条件、需求条件、相关支撑产业、企业战略、结构与竞争、机遇以及政府行为。同时，波特教授认为，政府行为和产业机会也应作为两个辅助因素纳入影响区域产业竞争力水平的组成机制。根据上述模型，波特对产业竞争进行了深入研究，并作出了重大贡献。

产业重点逐层转移、各要素密度逐级递增、产品形态逐渐演进是产业结构实现高度化在结构比例方面的表现。产业结构高度化的表现是作为各国经济在其发展进程中最为适宜的产业结构，主要从收入弹性准则、生产率上升准则、技术与安全群体准则三个方面进行衡量。总体而言，产业结构的高度化主要从劳动生产率和比重关系两个方面来反映，增强劳动生产率是促进产业结构早日完成高度化水平的关键，使各产业部门的要素和生产资源得到充分利用。由于产业结构的高度化发展进程是动态的，在不同时期可能处于不同的发展程度，主要将其分为以下4个程度：一是产业高附加值化，其表示当产业中所包含的剩余价值较高，存在较大的超额利润以及绝对剩余价值率，是企业不断提高技术密集程度的必由之路；二是产业高技术化，该阶段意味着在产业发展中普遍运用高技术手段；三是产业高集约化，该程度表现为产业组织实现合理化，拥有较高的经济效益规模；四是产业高加工度化，这一程度表现为产业加工程度加深，拥有较高的劳动生产效率。

（二）产业结构合理化

产业结构合理化往往是在一定经济发展水平上增强产业间的关联度和协调水平的进程。产业结构间发展是否协调合理以及三大产业间是否存在较高的配合度均是判断产业结构是否实现合理化的标准。在经济发展的进程中，三大产业达到较高的配合度是实现产业结构合理化的关键因素，主要表现为第一产业的发展进程为第二、三产业的发展提供有利支撑，第二、三产业的发展对第一产业的发展产生有效的促进作用，并且第二、三产业间呈现互相良性驱动机制。产业结构实现合理化的具体表现在于：产业结构逐渐形成动态平衡，产业素质明显进步，产业间技术联系与数量比重关系日益均衡，再生产过程中出现的比例失衡现象得以解决。

不同产业中存在着不同的发展速率和地位水平，因此在产业不断的进步发展中，形成主次之分，产业间出现层级差异。产业结构合理化的进程通过对产业的地位水平进行协调，进而实现产业相对地位水平的均衡。有效地调节产业结构内部关系是产业结构实现合理化的重要标志，各产业间在投入产出的关联性中相互作用实现协同发展，减弱部分产业对于其余产业的不良制约，促进该产业与剩余产业间的协同度，实现互利共赢的发展全局。产业演进的过程是严格按照固定顺序发展的，而产业结构合理化往往可以避免产业或制约演进过程的不协调现象的发生，从而使得产业演进有序地进行。在产业结构合理化过程中，应将几个产业的增速差异调整在可接受的范围内，防止出现再生产进程中的结构性延迟。

（三）产业结构高效化

产业结构高效化是指总体产业的经济效益不断提高、各产业间资源优化配置的过程。在产业结构高效化进程中，低效率的产业比重不断下降。同时，高效率的产业比重逐步提高。低生产力、低技术含量、劳动密集型产业逐步被高生产效率、技术密集型以及资本密集型产业所替代。产业结构高效化的进程是动态变化的，且不存在起始与终止，是由于在产业发展进程中不同产业间存在效率的差异性导致的。产业的效率水平不存在固定的评价标准而是相对而言的，低效产业在发展进程中被不断地替代而减少，进而出现新的低效产业。社会资源在存量调整后由低效产业向高效产业流动，该流向过程是不断运动的。而产业结构调整所带来的经济效益也会随着资源的优化配置日趋明显。

与产业高度化不同的是，产业结构高效化是一个经济性而非技术性的问题。一方面当技术保持在一定水平不变时，产业结构高效化会造成社会资源发生转移，使得低效率、技术薄弱的产业比重下降，而高效率、技术高端的产业比重升高，最终实现产业结构的升级优化。而另一方面在产业结构比例保持相对稳定的状态时，产业结构高效化也可以通过改进低效产业的技术水平，使低效产业转型为高效产业并最终实现产业结构的升级优化。因此产业结构高效化主要表现在两个层面：一是总体产业效率提高；二是低效产业最终将被高效产业所取代。产业高效化的发展进程最终会出现两种现象：一是各产业内部的经济效益均实现显著提升；二是产业结构比例不断变化，此消彼长。

三、区域发展协同理论

（一）协同效应的含义

协同理论由哈肯提出，为了研究不平衡的开放系统，如何在与外部世界进行要素交换的情况下，实现自身时空的有序发展。协同理论是以系统论、信息论、控制论、灾害论以及突变论为基础，结合结构耗散理论而提出的。运用统计学和动力学的方法对不同领域的多维空间理论进行了分析，提出了内部系统从无序到有序存在的转变方式，哈肯将协同理论称之为“协同学”。协同学是通过研究整体系统内大量子系统的相互作用，在宏观角度保持有序状态，进而形成具备一定功能的自系统机制的理论学科。协同理论认为，在客观世界中存在形态各异的系统，虽然不同系统所具备的属性存在差异，但这些系统间仍旧存在着某种关联规则，从而在整体发展中实现相互作用的目的。根据协同理论的观点，某个系统在从无序到有序的发展进程中，其内部的子系统可以在一定背景下从非线性关系的作用转为协同发展，使该系统最终成为新型有序发展的自组织结构。同理，西北地区作为整体区域系统，各个省份作为整体系统中的内部子系统，整体区域协同的发展需要子系统间相互作用，从经济、社会、资源等多角度出发，实现区域内协同发展。

（二）区域协同发展的内涵

在协同效应的作用下经过发展演进形成区域协同，由于不同区域的资源禀赋存在差异性，通过效用最大化的作用，整体区域中的各个子系统逐步形成分工有序的发展模式，从而达到利益共享的目的，实现良好的同步发展状态。区域协同需要协调各方利益。在发展过程中，应遵循求同存异的原则。通过协商、平衡等多种渠道，在保护多数客体利益的前提下，实现合理的协调、和谐的状态。区域协同发展不需要完全一致，实现相对一致状态的进程是实现协同作用的重要组成部分。在区域发展过程中，竞争与协同密不可分，二者相互依存、相互矛盾。当竞争过程中实现协同效应时，协同效应将引发新一轮的竞争，因此，如何在竞争中进行合作是区域协同发展的必然选择。

区域内各子系统在相互作用中形成一定的协同效应，在该协同效应的作用下达到高效有序的整体模式，整体系统的总效应将远远大于子系统间相互效应的叠加。在区域合作的发展过程中，在达到低层次协同之后，逐步向高层次协同过渡，进而逐步达到可持续发展，最终完成区域经济结构的升级优化。区域协同发展是区域经济结构改善、社会结构改善和人民生活质量提高的重要保证，除了可以增加社会财富总量外，还提高了社会财富质量，使得社会经济发展进程中质量数量统一进步发展。实现资源环境良性循环，人与自然和谐共处，经济发展与环境保护协调发展，经济、社会、资源环境共同进步是区域协调发展的最终目标，有利于推进基础设施和环境建设，促进生产空间布局和生产力布局的优化和更新。有序的区域结构体系通常由三大子系统构成：社会系统、资源系统和经济系统，子系统的独立运动和关联运动共存，子系统之间相互作用，互相输入和产出。在一定条件下，调整各子系统的独立运动和关联运动，使关联运动实现一定的领导作用，实现各子系统之间相互协作的发展趋势。区域系统中经济子系统、社会子系统和资源子系统发展目标的统一，是区域系统整体整合协调的重要保证。三个子系统要实现区域整体和个体经济效益的最大化，一方面要实现协调发展，另一方面，如果三个子系统不能实现协调发展，这将对系统中各主体的发展产生一定的影响。障碍的出现对各主体的利益都有不利影响。当社会、资源与经济三个子系统达到协同发展，可有效地实现三方关系的互利共赢，最终实现全面协调可持续发展。

第二节　西北地区产业结构发展现状

我国西北地区幅员辽阔，包含甘肃省、宁夏回族自治区、陕西省、新疆维吾尔自治区以及青海省 5 个省份和自治区。西北地区拥有丰富的矿产资源、耕地资源和光热资源，为西北地区经济发展奠定了基础。但毋庸置疑的是，西北地区仍面临着经济发展水平落后、社会发展进展缓慢等问题，所以加快地区发展进程，提高区域发展水平，是目前西北地区的首要任务。而地区经济水平进步又与产业结构的发展相挂钩，适宜的产业结构能有效地促进地区经济水平的发展。因此在产业结构优化进程中内含的产业结构升级是实现地区经济进步的根本路径。研究产业结构升级，首先要细致分析西北地区产业结构的变动（以下数据资料来源于《国家统计年鉴》）。

一、西北地区整体产业结构发展趋势

西北地区在 2015 年之前其产业结构保持着“二三一”的发展态势，具有我国以基础资源为主要发展依托的城市产业结构的普遍特色。随着我国“十三五”的进程扩张，我国推行去产能去库存等一系列的产业结构转型举措。西北地区产业结构正在快速转型发展中，整体呈现稳定波动的趋势。在西北地区中工业与制造业虽然仍旧保持着地区内支柱的作用，但重要性已经明显被削弱。第一产业在西北地区产业结构中占据的比例较小，并且随着地区经济发展的进步，第一产业不断被削弱。

二、陕西省产业结构发展趋势

从 2006 年到 2018 年的 13 年内，陕西省的产业结构保持稳定的“二三一”状态，基本没有明显的变化，各产业比例都存在不同程度的波动，除第一产业保持持续下降的趋势之外，第二、三产业基本保持较为稳定的波动变化。第二产业作为陕西省的传统性支柱产业，比重一直遥遥领先。虽然第三产业近年来有反超趋势，但整体比例仍旧落后于第二产业，不存在明显的领先优势。受第二产业发展速度下降和第三产业发展动力不足的制约，陕西省一方面在调整能源生产和转换方式，努力促进能源产业的发展，通过延伸产业链，提高能源综合利用效率，加快产业结构现代化；另一方面，要发展低能耗、高效益的装备制造业。同时除努力发展金融、科研、信息、科技、贸易、物流等生产性服务业外，也要抓住机遇大力发展文化与旅游等现代服务业。增加产业结构内部服务业占比，实现产业结构优化升级。

三、甘肃省产业结构发展趋势

甘肃省作为西北地区最早实现“三二一”产业结构的地区，从 2014 年起，甘肃省第三产业飞速发展，四年度内占比增长 10%。而伴随第三产业飞速发展的同时第二产业也呈现滑坡式下降。事实上，深入研究后发现，像甘肃省这样的产业结构单一、产业层次低、产业链短、产业关联度小的落后省份，今天呈现的产业形态，并不完全是理论上的“三二一”产业的深度融合。而是技术支持型企业转型升级和未能及时获得相应的替代品作为新动力的结果。在对知识和产业技术的集约化、服务经济与其他产业的融合上仍存在明显的欠缺之处。目前甘肃省的产业结构“三二一”与理论上的“三二一”仍有一定的差异。合理的空间布局和有效的经济增长速度是甘肃未来发展的关键。

四、青海省产业结构发展趋势

青海省在 2017 年度由“二三一”产业结构转变为“三二一”的产业结构形式。第二、三产业整体的波动幅度较其余省份而言，近年的整体波动都呈现在 10%上下。青海省是一个经济相对落后的省份，在解放初，青海省农业生产“二牛抬扛”，工业只有所谓的“八大工厂”，服务业发展缓慢。经过 70 多年的努力，许多行业从一无所有到逐渐壮大。基本形成以绿色能源、绿色产业、绿色消费、绿色农牧业为基础的绿色发展模式。虽然青海最大的价值在生态，最大的责任在生态，最大的潜力也在生态，但长期以来青海也受到地缘因素和环境因素的制约。在经济发展过程中有效地利用地区优势的同时不能忽视地区弊端。价值和潜力的发掘依赖于不断的改革和创新，通过改革可以提高农民的活力，调动农牧民的积极性。通过一系列创新，把生态建设与改善农牧民生活水平有机结合起来，把青海生态“绿起来”与青海人民“富起来”相结合。

五、宁夏回族自治区产业结构发展趋势

宁夏回族自治区在2017年度由“二三一”产业结构转变为“三二一”的产业结构形式。第二、三产业整体的波动幅度较其余省份而言不太突出，三大产业结构整体发展稳定。而宁夏地区产业结构发展具备西北地区产业结构发展的普遍特征，凭借资源优势，大力发展以煤炭为主的相关产业，促进了自治区经济的快速发展。然而，传统的煤炭产业能耗高、资源依赖性强，影响了生态环境，也面临着严峻的市场挑战。改变传统发展模式，发展绿色经济，发展绿色农业是宁夏的当务之急。提高传统农产品附加值，延伸产业链，做大做强宁夏优势产业，打造知名农产品品牌。在“一带一路”建设时期，宁夏地区应当顺应改革的东风。围绕丝绸之路经济带建设，建设大数据信息产业等新兴产业。构建良好的产业发展循环局面，为区域发展提供有力支撑。

六、新疆维吾尔自治区产业结构发展趋势

新疆地区晚于甘肃省一年实现了“三二一”产业结构。从2015年起，新疆地区第三产业崛起超越第二产业，成为新疆地区产业占比最高的产业。而新疆地区较其他地区较为不同的地方在于新疆地区的第一产业占比基本保持在15%以上而其余省份的第一产业占比均保持在15%以下。近年来，新疆的产业结构出现了根本性的改善。随着现代农业生产、产业、经营体系的完善，新型工业化进程走向中高端水平，以金

融、信息为领导的现代服务业的逐渐壮大，具备新疆地区特色的现代产业系统逐步形成。但是新疆是我国重要的能源接替区和战略能源储备区，预测煤炭资源总量 2.2 万亿吨，占全国预测总量的 40%。维持第二产业平稳发展，争取减少对单一产业的依赖程度，实现多种产业并进发展是目前新疆地区推行产业政策的主导方向。由落后发展地区抓准地区优势，实现地区均衡发展。

第三节　西北地区产业结构调整和优化方向

一、建立制度化的区域产业协同发展联络机制

建立常态化产业协同沟通联络机制，其内部成员由五省区主管经济（工业）的副省长以及工信厅相关领导牵头组成。以构建跨区产业链为纽带，制定发展规划，统筹社会经济资源，以重大项目为载体，全面提升西北内陆地区整体竞争力，实现追赶超越目标。以高标准、严要求培育西部城市群，完善建立产学研在产业链上的分工机制。通过完善地区内公共基础建设、信息要素等资源的共享，降低生产要素的成本，以形成区间经济发展协同机制。要在五省份之间实现分工合作，就是要在西北地区整体经济发展的同时，建立健全分部门体系，选择主导性产业，而对于传统优势产业要进行转型升级。提升对于区域协同发展的重视，认识协同规划发展战略的重要性，从而加强对区域产业协同的规划，建立西北地区协同规划结构体系，因地制宜，形成区域内合理的产业转移链，并积极促进区域经济有机耦合成统一的经济体系。而西北地区现有经济基础水平较差，基础建设不够完善，单纯依赖地区资源水平发展，进展较为缓慢。因此在完成上述内部举措的同时，鼓励沿海发达城市、省份定点帮扶落后地区发展，加大西部开发力度，加速基础设施建设。全面提高产业转移的配套服务和设施水平，实现内地与沿海地区全面协同发展局面。

充分发挥政府在资源配置过程的引导作用，政府的角色作用于完善市场发展体系，建立市场规则制度以及区域化基础网格建设等一系列辅助措施。市场这只看不见的手在完善区域经济一体化进程中应保持主导地位，引领全局实现互利共赢。西北地区政府应发挥其政策性职能，全方位地改进完善现行产业政策，贯彻落实实现西北地区经济协同发展的基本方针。虽然提倡由市场作为主导角色发挥市场优势进行资源配置，但公共资源出现缺失以及垄断等市场失灵现象的出现会制约经济发展的资源配置，进而导致市场机能失效。这时政府应当制定合理的产业政策，促进产业结构的调整，鼓励制度政策的实时创新，加强产业结构优化。但是政府行为的干预要适度，过度的政府干预影响产业结构的良好发展，适度的政府干预与市场机制结合，共同促进区域产业结构的发展。而现有的产业结构的发展中映射了政府过度干预的负面结果，因此规范政府行为是实现西北地区产业结构良性发展的必要手段，主要是要将政府的职能角色由经济发展转型为服务支持。

二、打造具有西部特色的跨区域产业链

西北地区产业结构发展的共同推动力主要来源于西部各省协同共进产生相互作用力，在研究过程中可以看出，西北地区产业结构协同度良好，但尚未形成联系密切、分工有序的区块价值链。虽然西部地区存在少量由于国家投资形成的历史产业集聚，如关中地带的煤炭化工基地、乌鲁木齐—克拉玛依石油化工基地，但这些产业聚集的形成主要依赖于政府资源投入而非市场机制下的产物，导致资源不能充分发挥其价值，从对协同效应的测度中资产结构的协同度在各省份间均劣于其余要素这一现象也可以说明问题。区域价值链的形成对于降低区域间产业转移成本具有至关重要的意义，也让西北地区在全国经济的体系中占有一席之地。西北地区虽然目前实现“三二一”的产业结构，但是其优势产业仍主要为重化工和能源类产业，这些资源密集型主导的产业在其加工方式的局限性和资本积累速率上的弊端抑制了产业链的扩展，加强产业的技

术水平可有效地促进产业的推广发展，实现产业链的延展。但完善产业高技术水平的前提是实现资源应用阶段的自主研发生产能力，以形成具有自身知识产权的核心资源。

地缘因素的优势在产业链形成和衍生过程中是重要影响变量，在外商投资的偏好以及我国东部地区发展的现实依据中都可以看出区位条件的重要性。西北地区区位条件先天优势不足，通过有效的规划物流体系可以有效地促进区域经济协同发展。但当物流水平与区域经济水平出现错层，投入产出效率较低，单纯过度消耗投入，应充分了解地区经济水平与物流发展进程，因地适宜制定具有西北地区特色的物流体系。当前西北地区物流基础欠缺，西北五省区均应加强社会固定资本的投入改善物流设备与技术的发展，地区职能部门与优秀的大型物流企业合作，推行符合地区经济发展水准的相应优惠政策，加速省会城市与周边地区的交流以构建大都市物流中心，构架区域内物流集聚区，实现建立制度化的区域产业协同发展联络机制。建立常态化产业协同沟通联络机制，其内部成员由五省区主管经济（工业）的副省长以及工信厅相关领导牵头组成。以构建跨区产业链为纽带，制定发展规划，统筹社会经济资源，以重大项目为载体，全面提升西北内陆地区整体竞争力，实现追赶超越目标。以高标准、严要求培育西部城市群，完善建立产学研在产业链上的分工机制。通过完善地区内公共基础建设、信息要素等资源的共享，降低生产要素的成本，以形成区间经济发展协同机制。要在五省区之间实现分工合作，就是要在西北地区整体经济发展的同时，建立健全分部门体系，选择主导性产业。而对传统优势产业要进行转型升级。提升对区域协同发展的重视，认识协同规划发展战略的重要性，从而加强对区域产业协同的规划，建立西北地区协同规划结构体系，因地制宜，形成区域内合理的产业转移链，并积极促进区域经济有机耦合成统一的经济体系。而西北地区现有经济基础水平较差，基础建设不够完善，单纯依赖地区资源水平发展，进展较为缓慢。因此在完成上述内部举措的同时，鼓励沿海发达城市省份定点帮扶落后地区发展，加大西部开发力度，加速基础设施建设。全面提高产业转移现代化、专业化物流链。西安城市圈作为西北地区的核心枢纽地带，应同时利用其西部地区内部的区位优势构建物流中心以更好地促进“一带一路”发展和西部自贸区建设的融合，完善西北地区产业链，加速地区经济一体化进程。

三、改善区域营商环境加速民营经济发展

在对西北地区产业结构升级协同效应的分析和预测分析中，资产结构和出口占比是协同度较低的主要指标。而西北地区经济水平主要依赖于国家资本投入，因此导致资产结构以及贸易发展方式的单一性，这两个因素也是导致产业结构升级促进力度不足的主要原因。鼓励多种贸易模式百花齐放，改善区域资产结构，通过引导外商投资和促进民营企业发展两种手段加速实现。构建良好的营商环境是实现两种手段的根本途径，西北地区营商环境的发展长期以来困滞于虽然拥有一定的自然资源和工业支柱性产业，但长期受到国有企业发展的影响，市场发展受政府干预过度，民营企业面临融资危机、政府管理规范性有待提高的局面。并且不容忽视的是，西北地区经济落后，除地缘因素外，民营经济发展缓慢、体量不足成为重要制约因素。营商环境的改善，同样有利于外引内联，激发区域经济潜力。

有效地优化西北地区营商环境要更加清晰的认识到问题的严峻，充分支配地区有效资源。一方面，要充分实现区域经济的有效协同，设立西北地区整体政府的政策协调组织，构建区域间经济发展策略，完成区域整体实力的综合提升；统一区域间不同地区的招商引资政策体系；精简项目事项审批流程，将只用跑一次政策扩散辐射范围；扩大地区内部投资营商环境的合作网络，有效推进信息要素的充分流通；降低民营企业地区发展成本，加速实现西北地区内部经济要素的流动性。

另一方面，要培育以企业为主导的创新区块链，加速引导技术交流的网络构建。加快整个西北地区内部多个重要城市构建经济园区的步伐，经济园区作为改善区域营商环境的关键载体，同样是提高技术交流

频率、消除技术壁垒的关键平台。有效促进园区内部经济产业链的形成，合理规划经济园区运行方式以充分发挥经济园区的效用。此外，完善基础设施建设，改善地区生态环境水平，发展循环经济体系；建立健全市场人才引进机制，加速地区人力资本积累，完善产业与就业相支撑的结构体系；引进民间金融机构等市场资源，将民间投资和西北地区发展转型相结合，加强地区金融体系的信用建设等一系列的对策都可有效改进西北地区营商环境的发展，加快西北地区的协同一体化步伐。

第六章

西北地区重点区域选择与分类指导的区域布局战略

第一节　西北区域分异规律与区域类型划分

西北自然地理环境复杂多样，既有高原、盆地、山脉，也有黄土、沙漠、戈壁、河流和冰川等自然地域类型。多年的人类活动包括农业、工业和第三产业等，它们与自然环境相互作用，形成各种各样的人类活动地域类型。人类活动强度的不断增强，加上全球变化的影响，致使西北生态环境恶化，水土流失、荒漠化、旱涝灾害、环境污染日趋严重。人与自然关系极不和谐。不仅影响本区域可持续发展，而且还通过江河、环流和区间经贸交流影响而危及下游流域的安危及全国的环境安全和可持续发展。如“治理黄河历来是中华民族安民兴邦的大事”，而西北黄土高原的综合治理则是治理黄河的根本保证。因此，建设好黄土高原生态环境，促使生态经济系统良性循环，对于治理黄河水害，促进黄河流域乃至全国经济社会的可持续发展，具有十分重要的战略意义。

长期以来，西北地区各种人类活动与复杂的自然地域过程相互作用，形成了复杂多样的生态经济地域类型。不同类型的生态经济区域有着各自的资源、环境与社会经济发展的生态经济问题，因而其发展的模式和生态环境治理方案就不同。

因此，应用科学方法，进行西北地区区域类型划分，探索分类指导的区域生态环境建设和区域社会经济可持续发展战略与对策，对于国家制定西北生态环境建设和区域可持续发展战略，建立生态环境与生态环境相互协调的特色区域生态经济体系，加快西北社会经济发展，促进全国可持续发展都具有重要战略意义。

一、西北资源、环境与社会、经济相互作用的地域分异规律

（一）水土资源的区域组合

农业生产对自然条件和自然资源具有较强的依赖性。光、热、水、

土资源的不同组合对农作物的分布有着决定性的作用，加之不同的人类劳动的长期作用，就形成了各具特色的农业区域类型。

我国西北地区多属干旱半干旱地区，光、热、水、土及地形地貌等要素共同作用于生态环境，但其中的水分条件是生态环境的主要限制性因子，水分的多寡及其与土地资源的组合状况直接决定着生态环境的地域类型，也决定着农业地域类型。在西北地区特殊的水土资源匹配格局下，当地劳动人民长期劳作，形成了西北内陆绿洲农业区、黄土高原雨养农业区、河流谷地灌溉农业区、天然草地畜牧业区，以及农牧过渡区等主要农业地域类型。降水与农业生产相关性极高，降水变化会造成农牧业生产较大的波动。因此，西北地区农牧业的突出特点就是“靠天吃饭”“靠天放牧”。近年来，全球气候变干变暖，加剧了西北干旱，造成农牧业生产大幅度减产。由此可见，水资源不仅是西北地区生态系统良性循环的重要因子，而且是农牧业发展的重要限制性因子。

（二）能矿资源的地域组合和交通干线分布

能源和矿产资源是工业发展的物质基础和动力支撑体系的重要组成部分。就内陆地区而言，能源和矿产资源的分布和组合对资源密集型的能源原材料工业的区位具有较大影响，有时甚至是决定性的。伴随大型资源的开发，为之服务的交通干线，以及矿业城镇也会逐步兴起，进而带动欠发达地区区域工业化和城市化。因此，在西部地区，能矿资源的地域组合和交通干线分布对工业和城市的区位有重要影响。大体而论，西北地区的工业和城市主要是沿黄河上游等江河沿岸和陇海—兰新、包兰、宝成和宝中等铁路沿线分布的。有些工业区域和城镇，如克拉玛依、白银、格尔木等，均是随着当地重点资源开发而逐步形成的，这些城市和工业区域的布局也与重点资源开发区相一致。

（三）区位与市场、资本、技术、劳力、政策等因素及资源状况组合

区位与市场、资本、技术、劳力、政策等因素及资源组合状况，是

区域发展的先决条件，决定着区域开发的进程和区域经济类型，也深刻影响着区域社会经济发展阶段。在西北地区，诸如关中、黄河上游沿岸、北疆铁路沿线、河西走廊、湟水谷地等地区，由于区位条件比较优越，交通较为便利，市场通达性较好，资源丰富，经济有一定基础，经过多年的发展已成为西部发达或比较发达的经济区域，集中了西北绝大多数城市和经济实力，有些地区如关中、兰州沿黄灌区、北疆铁路沿线等地区已成为区域经济发展的中心地域，带动着西北地区的发展。

资源富集、区位较差、交通不便、远离市场、经济基础薄弱的地区，如陕甘宁接壤区、柴达木盆地、塔里木盆地和准噶尔盆地周围、吐哈盆地，由于有国家急需的重要资源，政策导向使这些地区在能源矿产资源开发中已经成为区域发展的“热点”地区，其交通状况和通达性也随之改善，发展潜力巨大，有望成为西北新的经济增长中心。

矿产资源贫乏的广大农村，交通、通讯设施及生活公用设施落后，信息、技术、资金短缺，人口素质较低，剩余劳动力多，土地生产力差别较大，多中低产田，农民以粮食和经济作物种植为基本产业，农闲时兼搞运输、商贸、建筑等业。西部农村乡镇企业落后，这是东西差距的主要方面之一。大面积西北农村的脱贫致富、实现小康关系到全国现代化目标能否实现这一全局性战略问题。积极培育一批种养加一体化、贸工农一条龙的支柱产业链，加快农业产业化和乡镇企业的发展，有效吸收转移剩余劳动力，是加快这一地区发展的关键。通过农村产业化和乡镇企业的发展推动农村工业化和城镇化，进而实现现代化。

其余边远偏僻的农牧地区，多数自然条件严酷，区位条件差、交通通讯及其他基础设施落后，社会经济发展缓慢，发展阶段滞后，多属老、少，边、穷地区，是西部不发达地区。有些地区即使自然资源极为丰富，由于在现阶段可开发程度低，而只能成为远景开发地区。上述地区是国家重点扶持的对象。应通过多种形式的外部刺激和推动，改善基础设施和社会保障条件，逐步使其获得自我增长能力，使当地人民福利和生活水准得到提高。

二、区域类型划分原则与指标体系

(一) 原则

对于西北区域类型的划分，应当综合考虑各地资源、环境、区位条件和市场状况、工业化与城市化水平、人均收入与人均福利水平等要素。以深入揭示西北资源、环境与社会经济的地域分异规律，按照区域客观实际选择科学合理的区域经济发展方向和区域生态环境建设方针，以区域比较优势为基础，在区域分工与协作的前提下，因地制宜，分类指导，塑造特色鲜明，优势突出，效益良好，良性循环的西北特色区域经济体系。同时，探索一条符合西北区情、生态环境与社会经济相互协调的区域可持续发展道路。为此，西北区域类型的划分应遵循以下原则。

1. 生态经济原则

区域经济发展要以区情条件为基础，涉及复杂的多种区域要素。因此要把西北地区作为一个统一的生态经济系统，遵循生态、经济和社会三个子系统协同进化、生态经济系统结构与功能协调统一，以及生态经济平衡等生态经济学原理，综合分析西北自然、生态、经济、社会诸要素，系统考虑部门、空间、时间问题，兼顾局部与整体、效率与公平、当前与长远等关系，揭示西北区域发展中的生态经济矛盾和循环机理，才能划出符合客观实际的区域类型。

2. 差异性与相似性原则

深入探讨西北生态环境和社会经济的地域分异规律，以西北地区自然、经济、社会客观的地域分异格局为基本依据，根据不同区域生态环境、自然资源和社会、经济等要素的差异性和同一区域的相似性（即大体一致性）划分区域类型。

3. 主导性原则

抓住区域内主导因素（即决定区域成长或区域面貌的因素），突出重点，兼顾一般，使划出的区域类型符合区域发展的主流方向。

4. 实践性原则

该研究的主要目的是为国家和地方政府加快西北各地发展提供区域布局和宏观战略决策的科学依据。因此，研究成果一定要具有指导实践的可操作性。

5. 战略性原则

要兼顾眼前和长远、近期利益与远期利益，使研究具有超前预见性和战略指导性。

（二）西北区域类型划分指标体系

在确立西北区域类型划分指标体系时，选取既能综合反映区域经济增长和国民福利水平，又能反映区域资源环境基本特征和状况的指标，也要考虑资料的易得性和可操作性，能进行横向及纵向的对比。具体指标包括综合经济指标、社会人文指标、生态指标、自然资源指标、环境污染指标等五大类指标。

（1）综合经济指标，是衡量地区发展水平和经济实力最为重要的一组指标。例如人均 GDP 和地区工业化指标。其中，人均 GDP 是国内外普遍接受的反映地区人口增长和经济水平的综合指标；地区工业化指标，是反映地区经济发展实质的重要指标。

（2）社会人文指标，包括文盲半文盲率、医疗卫生、人口自然增长率、万人学生数，用以反映地区居民的生存质量。其中，用每万人口中的学生数和每万人口的医生人数反映居民受教育程度和医疗水平，这与联合国通用的反映居民受教育程度和医疗水平的指标相类似。

（3）自然资源指标，包括资源丰度、潜在价值、开发程度。

（4）生态环境指标，包括水土流失、荒漠化、旱涝灾害和环境污染等指标。

三、区域类型划分框架

以可持续发展为宗旨，以协调区域人口、民族和资源环境与社会经济相互关系为重点，针对西北生态环境建设和资源开发与可持续发展的国家目标，应用生态经济、流域经济、区域经济、资源与环境经济等多学科理论，结合客观实际，进行区域类型划分，为因地制宜、分类指导西北大开发，促进全区协调发展提供科学依据。

根据西部区域分异规律，依据上述原则，考虑全国区域发展态势，选取综合经济指标、社会人文指标、生态指标、自然资源指标、环境污染指标等五大类指标，针对共同的主要生态——经济问题、相似的生态经济类型、相似的解决方案，采取定性与定量相结合的方法进行类型划分，才能得出西北区域生态经济类型划分的初步框架。

（一）中心城市生态经济类型区

以西安、兰州、乌鲁木齐、西宁、银川、咸阳、宝鸡、天水等西北区域中心城市为主导，包括其周围地区在内的生态经济区域，以城市经济和城郊经济为主，属于西北比较发达的区域，城市环境污染和城乡交互作用为主要问题。

（二）农村生态经济类型区

远离中心城市，以农业经济为主的，包括县城和广大农村在内的生态经济区域。该区域在长期农业资源开发过程中单纯追求粮食生产，生态环境破坏严重，土地退化、水土流失、荒漠化、旱涝灾害严重，人口压力大，教育程度低，基础设施和医疗条件落后，社会发展阶段滞后。黄土高原地区以水土流失和干旱为主要生态问题，绿洲农村则以绿洲退化、水资源短缺、人退沙进为主要矛盾。有些农牧业过渡地带，农区和牧区的生态环境问题在此交互出现，生态环境极为脆弱，风沙、干旱、水土流失、荒漠化等严重危及本区域和农区生态环境安全。

（三）牧区生态经济类型区

广大西北草原牧区生态环境脆弱，人畜矛盾、草畜矛盾严重，草场退化，旱灾、雪灾等自然灾害时有发生，草原基础设施建设滞后，文化教育落后。

（四）能矿资源开发生态经济类型区

陕甘宁盆地、塔里木盆地、柴达木盆地、吐哈盆地、准噶尔盆地、河西走廊、陇南铅锌矿、阿尔泰地区等能源矿产资源开发区，地下能源开发破坏了地表生态环境，资源开发与生态保护矛盾尖锐，管理不善，滥开乱采，严重破坏了能矿资源。

（五）旅游生态经济类型区

在西北复杂多样的环境中，不仅孕育了绚丽多姿的自然风光，更造就了悠久的历史、灿烂的古代文明和丰富多彩的民族文化，以至才有今天许多举世闻名的名胜古迹和历史遗产。这些都是宝贵的旅游资源，旅游业有着广阔的发展前景。旅游区面临着旅游产业发展水平较低，资源优势发挥不充分，旅游资源及其周围生态环境被破坏，以及旅游设施不健全，管理不善等问题。

（六）江河源生态保护类型区

江河源头地区包括冰川积雪的山地，生态区位具有不可替代的战略地位，它们构成了西北江河和绿洲重要的水源地，堪称西北的生命保障的“源泉”。然而，近些年来，植被破坏，雪线上升、水源减少、生态环境退化已严重影响中下游的水源补给和生态安全。

针对上述各类地区，要制定适合各自特点、可以分类指导的区域政策和发展战略。

第二节　不同类型区域生态环境与经济协调发展模式

根据国家西部大开发战略，遵循因地制宜、分类指导、重点突破和区域经济与生态环境相协调（即生态经济）等原则，选择若干典型区域作为不同类型重点区域的代表，包括：黄河上游产业带、关中地区、陕甘宁接壤地区、柴达木盆地、北疆地区、南疆地区。对这些典型区域的发展模式选择，理应基于一般性与特殊性结合、经济合理性与生态环境可持续性相结合的原则。其中应反映所代表型区域的基本限制因素和基本比较优势对发展模式的关键性影响，探索生态与经济相互协调、各具特点的特色区域生态经济可持续发展方向。

一、中心城市生态经济类型区——关中地区经济可持续发展模式

陕西关中地区是西北最发达的中心经济区域之一，工农业基础雄厚，城镇相对集中，技术力量强，旅游资源和旅游业优势突出，可作为中心城市生态经济类型区和旅游生态经济类型区的代表。明确地说，考虑到分类指导原则和旅游生态经济类型区的依附性，这里权将关中地区作为城市生态经济类型区的代表，并就其典型生态考虑生态环境和经济（包括旅游经济）的协调发展模式。

对关中地区进行经济发展阶段的界定，依据人均 GDP 和“二三一”型的产业结构，将其确定为工业化的中期阶段。由于其在西部属于相对发达地区，在西部大开发中已被定位为优先开发的重点地区。着眼于关中地区的科技禀赋优势，结合国家和省级发展战略，关中地区的发展模式应以高新技术产业和装备工业为龙头，在我国经济发展已步入迅速的产业升级阶段和知识经济大潮的大环境中，以此促进产业升级和效益提高，以争取可能的跨越式发展。

（一）产业基础

1. 高新技术产业

关中地区正在迅速成长中的两个高新技术产业园显示了其发展的强大基础。其中西安高新技术产业开发区创建于 1988 年 5 月，1991 年 3 月，被国务院批准为国家级高新区。该区位于西安市南郊文化、科技、研究院所集中区，规划总面积 30 平方千米，其中连片开发的集中新建区 20 平方千米。高新西北地区建设有电子工业园、长安科技产业园、国家级软件园、国家级高新技术产品出口加工基地、国家级西安交通大学科技产业园、西北工业大学科技产业园、西安电子科技大学科技产业园、以西北大学为主的大学生物医药和新材料科技产业园。

西安高新区通过体制创新和技术创新，形成了符合社会主义市场经济要求、有利于促进高新技术成果产业化的良好环境，成为基建配套设施完善、园区服务功能齐全、生产力要素市场活跃、人才聚集效应明显的现代化新城区。目前，西北地区有各类科技企业3300多家，转化科技成果3500多项，其中1800多项是西安科技人员自主开发的、拥有自主知识产权的产品。高新区培育了一批技术创新能力强、发展潜力大的科技企业和一批市场前景广阔的高技术产品，形成了电子信息、生物医药、光机电一体化三大支柱产业，软件产业作为新兴产业也正在迅速崛起，创办科技开发企业2800家，设立外商投资企业402家。

1997年9月，经国务院批准，西安高新区首批加入亚太经济合作组织（Asia－Pacific Economic Cooperation，APEC）。在国家科技部组织的多次评估中，西安高新区综合指标居全国53个国家级高新区前四名，多次被评为十大先进开发区之一。西安高新区已成为陕西、西安最强劲的经济增长点和对外开放的重要窗口。

位于陕西咸阳杨陵区农科城的杨凌农业高新技术开发区，作为中国唯一的国家级农业高新技术开发区，发展前景也十分好。依托于雄厚的农业科研实力，它对关中和全国农业的可持续发展必将提供日益强劲的技术支持。

以这两个增长迅速的高新技术产业增长极为代表，沿陇海线的“关中高新技术产业带”已经初具规模。这一高新技术产业带的发展将使原本就是产业密集地带的关中陇海铁路沿线地区在新的发展模式下，得以发挥综合优势，高新技术产业的广泛后向联系和对原有技术装备的更新改造作用，使它在作为区域主导产业而迅速发展的同时也使区域的原有生产能力得到释放和焕发。

2. 装备工业

经济建设初期，陕西形成了以装备工业为主的重工业框架，经过多年建设，陕西装备工业基础雄厚、资产存量可观、门类齐全、整体优势明显的格局基本形成，成为我国老装备工业基地之一。虽然改革开放后该区发展相对落后，但优势仍然突出。从产品看，机械类的重型汽车、高压超高压直流输变电设备、工程机械、精密数控机床、工业自动化控制仪表及装置、复杂刀具等在全国有重要地位；电子军工类的军民用飞机、特种车辆、程控交换机、真空开关管、军用雷达、导航设备、通信发射设备、微波和卫星通讯也在全国举足轻重。此外，陕西高校和科研院所云集，人才资源丰富，装备工业的潜在研制开发能力较强。从布局看，上述高新技术产业和装备工业的绝大部分是以高度集聚的形态分布于关中地区尤其是陇海沿线，且与城市带的分布一致，这为关中地区高新技术产业和装备工业的发展及对区域经济的带动提供了优越的条件。

（二）发展条件

由于在产业基础、科技实力、资源禀赋和区位方面的突出优势，高新技术产业本身的特点，西部大开发和其他国家宏观政策调整所带来的政策环境改善等，主要着眼于高新技术产业发展的模式具有多方面的基础。

（1）出于综合国力和国防安全的考虑，国家在地域上向西部倾斜的同时，产业政策也相应向军工及相关产业偏斜。

西部大开发的国防安全背景给陕西提供最大、最直接的机遇体现在以下三个产业上：

国防科技工业——“一五”全国156项大中型项目（在陕西布局24项）中，军工就占17项。“二五”军工项目又增加3项，三线建设时期军工项目共117项，陕西形成强大国防科技工业体系，已是全国国防科技工业总体实力第一大省。“十四五”国家产业政策向国防科技工业倾斜，增大国防投入，将首先落在陕西国防科技工业上，给陕西长期萧条的军工企业注入活力，在技改的贴息贷款、设备更新、军事订货包括军转民等方面得到优惠政策支持。总之，给陕西国防科技工业提供改革开放以来最大的机遇。

高新技术产业——陕西已形成关中高新技术产业带，具有高新技术产业的全国优势。从高新技术结构分析，陕西不仅有历史上形成的强大军事尖端高新技术，而且改革开放以来民用型高新技术也依托军事尖端技术有了长足发展。现代战争中高新技术已构成最主要的军事力量的重要基础。因此国家“十四五”计划也应从国防安全角度进一步加大支持陕西高新技术及其产业发展的力度。

装备工业——陕西装备工业有相当一部分由军工企业构成，也是陕西的比较优势所在。装备工业不仅代表国家的综合国力和整体工业化水平，还具有“军民兼用型”产业性质，可在战时满足军事目标。陕西装备工业包括军民两大块，其中相当部分可转换性较强。陕西装备工业在一定程度上属于国防科技工业的配套加工业或最直接的相关产业，国家强调提高综合国力和国防军事实力，同时国家将把装备工业作为下一轮主导产业，也会加大对装备工业的发展力度，有利于陕西抓住机遇，改造老工业基地，振兴装备工业。从可行性、关键条件、我国产业结构升级的宏观背景和市场前景分析，较高技术含量的装备工业在陕西关中地区的发展是有充分依据的。

其中，国防科技工业在“军民兼用”的背景下，其产业基础与高新技术产业和装备工业是大体重合的，它的发展对于后二者的发展正足以提供附加的推力。

（2）强烈的发展愿望和资源环境约束下旧有传统增长模式的局限性发生冲突，而高新技术产业的特点则为跨越式增长提供了出路。

陕西过去的增长速度依赖于粗放型增长方式，是以产业结构层次较低、较稳定条件下的规模扩张为基础的，经济增长表现为一种常规的增长方式。而以现有的资源量，依照传统增长模式，无论资源怎样配置，都不足以支持跨越式发展所要求的高速度，这是不以人的意志为转移的。然而，产业结构理论显示，不同产业结构所带来的国民收入水平和经济效益是不同的。如果产业结构产生根本性的质变，从而导致整个经济结构进入一个更高层次的话，那么经济增长速度就不完全是线性方式，而可能呈现出某种超常规、跳跃式的非线性递进方式。在国际上，研究高新技术与经济增长关系的成果表明，高新技术带来的经济增长率不是按传统的算术级数，而是按几何级数增长。同时高速度所要求的高效益首先取决于中观资源的配置，因而中观产业结构转换升级对经济总量增长具有巨大促进作用。所以，陕西关中地区的主导产业必须跃升到以高新技术产业和装备工业为主的加工组装工业阶段，并成长为两大支柱产业后，地区产业结构方能优化，潜在的比较优势才可能充分发挥，才能出高速度和高效益，实现跨越式发展。考虑到关中地区已经处于紧张的资源和环境约束状态，高技术含量的主导产业选择也更合乎长远的可持续发展的要求。

（3）区位开放条件的改善，对上述产业选择下的发展模式提供了全面的支持。

20世纪80年代结构轻型化导致珠江三角洲一度成为我国经济发展最活跃的地区，但由于陕西远离华南地区，与之关联度小，故南部沿海经济高速增长对其经济拉动作用不大。随着20世纪90年代产业结构逐渐转向重型化，我国东部地区的重化工化进程势必瞄准原先具备基础的长江经济带和环渤海经济区展开。2000年前后，延安、神木、朔州、黄骅港铁路和港口的建设，西安—安康、西安—南京铁路的修通以及汉江黄金水道的恢复和扩建，加上资源供需的联系，将使陕西与这些东部经济发展的热点地区空前紧密地联系在一起。20世纪90年代初欧亚大陆桥的贯通，陕西全省“米”字形公路骨架的形成，上海、西安、欧洲光缆的开通，咸阳国际机场的改扩建，都使21世纪初陕西的区位开放条件根本改观，“东进西出，南下北上”的全方位开放格局大体形成，作为西部相对发达地区的陕西基于有竞争力的两大产业，其跨越式发展将取得更大的区位开放效应。

（4）国家产业政策的强有力支持是另一方面的重要保证。

高新技术产业和装备工业不仅是陕西的比较优势所在，且正好与国家将高新技术产业和装备工业选择为两大主导产业相一致。同时，国家区域政策强调西部大开发，这样，陕西即可将国家产业政策和区域政策与本省的产业升级和跨越式的发展目标结合起来，在宏观上得到最大的比较利益。

二、农村生态经济类型区——陕甘宁接壤的黄土高原生态脆弱区、平凉地区生态经济可持续发展模式

陕甘宁接壤区是一个远离中心的边缘地域。其生态环境脆弱，社会经济落后，在国家宏观经济格局中属于“低谷”地区。平凉地区位于陕甘宁接壤区几何中心，区位优势突出，自古是“茶马互市”的物资集散地和交通要道，区域性交通枢纽，对陕甘宁接壤区及周边地区影响深远。同陕甘宁接壤地区一样，平凉地区属于我国西北欠发达地区，面临着加快社会经济发展和加强生态环境建设的双重战略任务。如何发挥平凉地区在陕甘宁接壤区潜在中心的区位优势，探索超常规可持续发展的战略模式，是黄土高原生态脆弱区亟待解决的重大战略问题。

（一）区域特点

（1）陕甘宁接壤区区域共性明显，属于资源富集、生态脆弱、社会经济贫困的黄土高原欠发达地区。

本区的共性，一是在自然地理环境上属于干旱半干旱的黄土高原地区，干旱缺水是社会经济发展的主要制约因素之一；二是老少边穷地区，为黄土高原典型的欠发达地区，是全国空间经济格局中的低谷，与全国和东、中部地区甚至与西部其他地区差距不断扩大，已严重影响陕甘宁各省区现代化建设步伐和可持续发展，在一定程度上也影响着全国现代化建设宏伟目标的实现，因此是全国西部大开发、扶贫攻坚和缩小地区差距的重点和难点地区；三是地上资源贫乏而地下资源富集，石油、天然气、煤炭等能源资源在全国具有比较优势，目前正在进行着大规模的地下资源的开发，资源丰富而经济落后，地上植被稀疏；四是位于黄河上中游地区，干旱缺水，生态脆弱，环境问题突出，资源开发与保护的矛盾尖锐，不仅严重制约本区域社会经济的可持续发展，而且深刻影响着黄河下游地区的生态环境安全，是国家生态环境建设的重点区域；五是同属黄河文化体系，是中华民族的发祥地，曾是著名的革命根

据地，名胜古迹、历史文化和旅游资源丰富多彩。

（2）平凉地缘战略地位突出。

平凉地处陕、甘、宁接壤区大三角地区的中点，位于西安—兰州—银川大三角地区区域几何中心和重心地位，区位优势突出，自古是“茶马互市”的物资集散地和交通要道，是潜在的经济中心地域，是潜在的区域中心市场，是南来北往交通的十字路口，是连接西北、西南地区，以及中部、东部通向西部、中亚和欧洲的区际大通道，对陕甘宁接壤区及周边地区影响深远。陕甘宁接壤地区是欠发达地区，缺乏强有力的区域经济中心的辐射和带动，按照区域经济成长规律，急需一个强有力的区域中心。根据中心地理论，平凉地区具备成为陕、甘、宁接壤区区域性中心城市和社会、经济和文化的潜在中心的区位条件，有望通过“边缘地带”的“中心化”使平凉成为区域中心地域，带动本区快速发展；综观陕甘宁接壤区相邻地区，无论自然地理环境、区位特点、资源条件，还是社会经济文化市场辐射能力和影响腹地范围都难以成为区域中心地域。

平凉具有重要的地缘生态战略地位。地处黄河上中游生态脆弱区、黄河重要支流泾河上游地区，水土流失、干旱风沙严重，重要的生态战略区位深刻地影响着黄河中下游地区的可持续发展，生态环境建设和生态经济发展已经闯出了许多成功路子，对黄土高原生态环境建设和可持续发展具有重要的示范和带动作用。

资源优势具有一定的区域竞争力，优质动力煤对周边地区辐射作用较大。平凉不仅煤炭资源丰富，而且煤炭资源的自然特性具有突出优势，区域组合条件良好，是平凉工业化过程中资金积累的重要保证条件。全区已查明三个煤田，储量33.7亿吨，占全省探明储量的36%以上，主要集中在华亭、崇信两县境内，属于华亭煤田，总含煤面积118平方千米，尚有28平方千米的含煤远景区。此外，还有丰富的石灰石、陶土和油页岩资源。

旅游资源独具特色。平凉旅游资源丰富，在“丝绸之路”旅游带中占有重要地位；旅游资源区位优势明显，开发潜力巨大。平凉是“丝绸之路”东线必经之地，沿线的人文景观大都具有东西文化交融的特征，构成了“丝路”文化的重要组成部分，具有自然、人文双重特色。崆峒山是甘肃省三个国家级风景名胜之一，也是著名的省级风景名胜旅游区。本区旅游资源与甘肃麦积山、敦煌和陕西关中历史古迹构成了“丝路旅游”的综合资源优势，开发前景较好。土地资源面积较为广阔，发展生态农业、林果业、畜牧业和生态环境建设潜力较大。

（3）干旱缺水，生态脆弱，环境问题突出。

水土资源承载力与生态环境容量小，干旱少雨等生态环境问题严重，靠天吃饭的局面长期存在。生态环境问题已成为区域社会经济发展的主要限制性因素之一，严重制约农业现代化和社会经济的可持续发展。

（4）工业化与城镇化严重滞后。

与其他欠发达地区相类似平凉地区长期以来以农业为主，工业基础薄弱，工业化水平低于全省和临近地区如庆阳和天水。相当多的地区处于落后的农牧业社会阶段，与东、中部及省内其他地区之间的差距仍在不断扩大，与全省平均水平也有差距。工业化的落后进一步制约了城镇化的发展。经济实力较弱，贫困面较大，严重制约甘肃省全面实现现代化的宏伟目标。

（5）以农为主的产业结构层次较低。

产业结构以农业为主、资源型初级产业结构单一，缺乏区域支柱产业，产业结构层次较低，国有企业比例较大，非国有经济发展不足。全区总人口218.38万人中农业人口有184.57万人，占84.5％。单一的经济结构极不稳定，使生态经济系统结构也不尽合理，抗御灾害能力弱小。

（6）人口对经济和生态环境的压力较大，传统观念浓厚，商品意识淡薄。

平凉地区人口密度达195人/平方千米，是甘肃的3.5倍，是西部的3.75倍，全国的1.5倍，比全国每平方千米多65人，比甘肃多139人。相对于本区经济和生态环境的合理容量而言，人口压力过大。

（7）城乡基础设施远远滞后于社会经济发展。

交通、通信、电力、水利、医疗卫生、教育文化等基础设施滞后，亟需适度超前发展。尤其是交通“瓶颈”问题尚未根本解决，交通方式单一，只有普通公路和铁路，交通线路不足，交通网络水平低。对外与周边地区联系的进出口道路不畅。西北地区从地区中心到各县的放射状路网尚未形成，乡村道路落后，严重制约农村社会经济发展。

（8）贫困问题已形成恶性循环。

本区贫困面较大，经济贫困与生态环境“贫困”相互交织，互为因果，严重制约和影响着区域社会经济发展速度，形成社会贫困—经济贫困—生态贫困相互促进、难以打破的恶性循环的“怪圈”。

（二）平凉生态经济发展模式

1. 战略依据

（1）生态化是当前的一大潮流，生态经济是实现可持续发展的成功模式。其主旨包括：第一，区域生态经济是区域生态环境与区域经济相互作用形成的统一的有机整体，即区域生态经济系统。只有系统的结构优化，系统中的人流、物流、信息流、能量流畅通，系统功能才能达到最大化；第二，区域经济发展必须同区域生态环境保护和建设有机结合；第三，要用生态学原理有机地组织经济活动和生产、消费过程；第四，区域发展要追求经济效益、社会效益和生态效益的协调统一和人口、资源、环境与发展的协同进化，生态经济体系包括生态农业、生态工业、生态旅游和生态城市经济。

（2）先开发后保护，先污染后治理的传统发展模式和传统区域发展理论，难以满足既能解决日趋严重的生态环境问题，又能实现可持续发展的双重目标。现代区域发展有理论与模式的创新，平凉地区乃至与之相类似的欠发达地区的发展，必须探索和开创一条生态与经济双赢的生态经济发展模式。

(3) 本地区土地面积较大，生态问题突出，属于黄河中游黄土高原水土流失重灾区，也是国家生态建设重点区域，面临着既要治理生态环境，又要不失时机地加快经济发展的双重重任，急需实施生态经济发展模式。

(4) 全区人民经过几十年艰苦奋斗，已经开创了一些发展生态经济的成功经验和模式，为全区生态经济战略的实施奠定了良好的基础。

2. 指导原则

(1) 重点突破原则

平凉地区地处西北内陆，经济发展相对落后，虽然目前面临西部大开发的良好机遇，但受人、财、物以及市场竞争等因素的制约，不可能继续重复"大而全、小而全"的经济发展老路，必须面向国内外市场，结合本区实际，量力而行，选择具有比较优势的重点行业和重点产品重点突破，培植支柱产业，走技术型、规模化的发展道路。

急需突破的战略重点：加快国有经济改制与民营经济发展；产业升级换代与资源型支柱产业的多元化替代拓展及新兴支柱产业的培育；农业产业化中农林畜产品的深度加工及增值转化；全区由资源经济向生态经济的战略转变；加大对外开放与市场开拓；农村城镇化与生态城市建设；人力资源开发与人才引进；现代企业制度改革与社会主义市场体系建设。

(2) 生态经济原则

要把平凉地区作为一个统一的生态经济系统，遵循生态、经济和社会三个子系统的协同进化、生态经济系统结构与功能协调统一，以及生态经济平衡等生态经济学原理，调整和优化系统结构，协调资源、环境与社会经济之间的关系，正确处理开发建设与环境保护的关系，调整和优化产业结构，把发展生态农业、生态工业，建设生态城市，发展生态经济紧密结合起来，保持生态—经济—社会效益的统一，实现区域可持续发展。

(3) 市场导向与比较优势原则

建设项目能否发挥预期效益，带动地方经济的发展，最终要接受市场的检验。因此，项目优选必须以市场为导向，既要充分了解目前市场的需求状况，还要充分研究市场需求的发展与变化，选择具有市场竞争力和发展潜力的项目。平凉地区在能源、建材、农副土特产品、旅游及区位等方面有一定比较优势，在“十五”及以后的建设中，要充分发挥这些优势，促进现有产品的深加工和系列开发，进一步壮大优势行业，使其成为带动经济发展的“龙头”产业。

（4）立足当地实际，因地制宜，分类指导的原则

本区被六盘山分隔为东西两部分，东部五县总体来说，自然条件比较优越，热量、降水量均明显高于西部二县，地形也以黄土塬和河谷为主；西部二县海拔高于东部地区，属于黄土高原丘陵沟壑区；产业布局也有明显差异，如东牛西猪。因此，无论搞生态环境建设还是经济布局，都要根据各地实际因地制宜，分类指导，绝不可搞一刀切。

（5）产业链原则

平凉地区的能源工业、农副产品、畜牧业具有良好的开发基础，但产品多为直接原料或初级加工产品，今后要在加工转换和系列开发上下功夫，延长产业链，提高产品附加值。

（6）高新技术（嫁接）与传统产业并举原则

发展高新技术是经济发展的战略需要和必然趋势，为了加快发展，应实施以购买和利用高新技术为主的高新技术发展策略，有选择地发展高新技术。一是适应本地发展需求，二是适应国内市场和国际市场需求。通过广泛调研论证，建设一些技术含量高、附加值高的项目，用高新技术改造传统产业，开发培育有地方特色的名牌产品，并形成规模优势。

（7）以人为本，富民优先，富民与富地结合原则

发展经济的最终目的是提高人民生活水平和质量。平凉地区最大的区情是农民人均纯收入大大低于全国平均水平，城乡人均收入差距较大。因此平凉地区加快发展的目的首先是“富民”。要以提高农民生活水平、改善农业生产与生活条件为宗旨，以基础设施建设、农产品基地

建设、专业化发展、产业化发展、商品化发展为重点，大力发展特色农业，进一步发挥畜牧业优势，推动农业逐步向产业化方向发展，最终建立生产技术比较先进、结构比较合理、规模大、效益好的现代化农业体系。

（8）科教兴地与可持续发展原则

科学技术是第一生产力，未来竞争更多的是科技和人才的竞争。作为欠发达地区的平凉地区更要切实落实科教兴国战略，增强区域创新能力。要发展适合自身特点的实用科技和各类教育事业，积极培养各类急需人才，提高区域发展能力，把区域经济发展和社会进步建立在依靠科技进步的轨道上来。依靠科技进步和创新推进经济结构调整，实现产业结构升级，增强社会经济发展的内在动力。

可持续发展战略是世界潮流，也是我国的基本国策。平凉地区资源、环境与发展之间的矛盾日趋尖锐，干旱缺水、水土流失等生态环境问题严重制约社会经济发展和脱贫致富，必须坚持走可持续发展道路，在发展经济的同时，有效地保护资源、治理环境，促进资源与环境的更新和可持续利用。

3. 目标定位

未来使平凉地区成为陕甘宁接壤地区贸工型历史文化中心城市，规模达到30万～50万人口的中型城市；区域性交通网络枢纽、区域性市场网络中心，西北重要的旅游胜地，陕甘宁接壤区重要的能源重化工基地，黄土高原生态经济建设示范基地，名优特绿色食品加工基地，承担对周边地区辐射带动的区域“增长极”功能；实现国家西部大开发中“谷地”隆起、边缘地域中心化的宏观布局战略目标，区域特色鲜明，成为西北地区山川秀美、人民幸福（人均GDP和福利水平达到或超过全国平均水平）、社会经济发达、城市繁荣的生态经济中心地域。

4. 生态经济可持续发展模式

依据平凉区情，遵循生态经济学、区域经济学原理，以及自然环境循环演变的客观规律，平凉地区生态经济可持续发展模式的核心思想是以生态经济系统的统一性、协调性和平衡性为基点，以可持续发展为主线，以生态经济系统结构调整和优化为核心（生态经济系统结构、产业结构、空间结构和时序结构等）；以市场为导向，发挥地区比较优势，大力培育生态型支柱产业，发展生态农业、生态工业等生态经济，大搞生态环境建设，加强平凉这个区域中心城市建设，加快小城镇建设步伐，以发展生态城市等为战略重点；依靠深化改革、科教兴地和加大开放三大动力，彻底改革不适合市场经济发展的传统经济体制，实施科教兴区，提高区域创新能力和可持续发展能力建设，扩大对国内外特别是对西安、兰州和银川三大中心城市及周边地区的开放、联合与协作，获得外部推力，加快经济发展步伐，缩小地区差距，最终实现全区的可持续发展。

5. 大力培育生态产业体系，用高新适用技术改造传统产业，推进全区产业结构调整与优化

（1）大力发展生态农业与农业产业化体系。平凉农业优势在于林果业、畜牧业，要结合退耕还林还草工程，大力发展林果业、草产业、畜牧业、花卉业及其加工业。推进农业产业化进程。平凉地区林果业、畜牧业发展基础较好，关键是提高产品质量和深度加工，推进产业化；草产业虽然刚刚兴起，但绿色饲料国内外的市场前景广阔，已显示出良好的势头。各级政府要积极扶持，使之尽快成为“龙头企业”，带动千家万户奔向小康。

（2）加强支柱工业发展，促进区域工业化。依托本地资源优势发展煤炭—电力—化工，新型建材，高技术含量的陶瓷和电磁，建筑业，机械零部件加工业，绿色食品、保健食品和饮料加工业，绿色饲料。

平凉地区的支柱工业和生态型工业体系包括：煤炭能源—煤化工；机械工业—电子材料工业；化学建材工业—新型精细化工；农产品加工工业—畜产品加工工业—林草产品加工业、果品加工工业—秸秆工业；中草药加工工业；石灰石—陶瓷等矿产加工工业。

（3）大力发展旅游等第三产业，形成新的经济增长点。主要包括：

旅游及其服务业和其他相关产业体系建设。在目前旅游有效需求旺盛的宏观背景下，旅游资源丰富的平凉应当把旅游产业定位为支柱产业。基本思路：充分发挥区域资源特色，加大宣传力度，打出品牌，构建和完善“大旅游产业体系”，从“风景创收、古迹创收、服务创收”走向旅游带动相关产业全面创收，促进区域经济的快速发展。

（4）建立商贸流通产业体系。加强科技教育发展。增强区域创新能力，改进传统技术、引进新技术相结合；引进人才与引进设备相结合；加快以依靠政府投入为主体向以企业为主体的过渡。积极发展各项教育事业是开发人力资源，增强发展后劲的根本途径。

（5）大力发展民营企业。因为民营企业能最大程度地将行业利益与商家利益紧密结合，在市场竞争中快速提高地区商贸业的经营素质，使政府彻底摆脱市场经营者所必须承担的投资风险与市场风险，从而更好地行使市场管理者的职能。通过合资合作，引进先进的产业要素，实现平凉商贸的跨地区、跨产业、跨阶段的跨越式发展。政企分途，职能合并，统筹市场，简便快捷。

此外，还要继续鼓励、引导和组织农村剩余劳动力外出打工；发展建筑业以利用周边地区和东部发达地区在迅速发展和加快基础设施建设时的就业机会；在西北地区条件特别恶劣的地区实施移民扶贫，改变人口与耕地、水等资源的空间匹配关系；限制发展高耗水工业，而以充分利用农产品的轻工业为支柱产业；充分利用周边地区在西部大开发中的迅速的产业升级而带来的产业在空间上重组和地区间转移的机遇发展地方工业。

6. 积极推进区域城镇化，加强中心建设，建立结构合理的城镇体系

建设以平凉市为区域首位城市—七县县城为小城市—包括农村小城镇的城镇体系，形成全区经济布局的骨架和集聚中心—区域经济增长极，带动西北地区，辐射区外。

平凉市的城市扩展宜以 312 国道—泾河两岸和宝中铁路为主轴线，

建设串珠状、组团式城镇体系结构骨架，之间以绿色产业带相隔离，重点建设312国道—泾河两岸产业与城镇密集带，作为全区发展布局的骨干和脊梁；以其他省道沿线—河流两岸为次级轴线，建设点—轴式城镇体系，带动周围和沿线地区迅速发展，形成“一带两极”、东西连通、南北辐射、全面发展的开发态势。

城镇化要适度超前，与生态建设结合起来，一要建设生态城市，及早治理环境污染；二要使生态脆弱的贫困地区的居民适当向小城镇迁移集中。

7. 大力发展交通、水利和通讯等重大基础设施建设

建设区域交通枢纽——网络、信息网络中心，加强西北地区县乡公路、水利、医疗卫生等公共基础设施建设，促进社会经济的可持续发展。

水利是可持续发展的重要保障。大力兴修水利，是突破干旱制约，增强区域可持续发展能力的重要战略任务。各级政府应摆在重要位置，积极实施包括大型骨干水利工程、城市供水工程、农村水源勘探和供水工程、集雨灌溉工程、节水工程和城市污水治理工程等。

8. 加强生态环境建设

生态环境脆弱，社会经济发展与生态环境矛盾尖锐是平凉地区乃至整个黄土高原的突出问题。平凉地区位于黄河中上游黄土高原水土流失重灾区，水土流失面积1593万亩，治理程度62%，耕地面积610万亩，人均耕地3.31亩，25度以上的退耕还林地面积50万亩，宜林荒山荒坡地面积175万亩。森林覆盖率达17.98%。改革开放以来，特别是近十几年来，平凉地区生态建设以植树种草为中心，努力调整农业结构，全区生态建设取得了可喜成绩。

平凉地区生态环境建设的指导思想和对策：①通过生态环境建设来促进经济发展，通过经济发展来带动生态环境建设；②通过生态环境建设来增加区域可利用的水资源量，通过生态环境建设来增加区域环境容量；③通过生态环境建设来降低农业生产成本，增强农业的区域竞争

力；④通过生态环境建设来推进旅游业的发展。

利用三省接壤的有利区位，借助西安、兰州、银川的扩散效应，通过对外开放的方式，将人口和环境压力输出，而输入短缺资源和稀缺的生产要素。因此，人口、资源、环境、经济方面的大进大出也就成为必要和可能。由此而使西北地区尖锐的经济发展与资源环境之间的冲突获得解决，为经济发展赢得广阔的空间。

9. 发挥区位优势，建设区域性中心市场体系

市场体系包括有形市场——交易场所，无形市场——交易关系，区外市场——西北地区市场，市场网络——经济网络。

平凉地区要建设服务于陕、甘、宁接壤区及其他周边地区，与西安、兰州、银川等大中城市相补充的次一级综合性区域中心市场，以地处中心的有利区位和沟通东西南北、四通八达的交通枢纽和网络为依托，建成综合性区域生活资料和生产资料的物资集散地，以区域性商贸中心功能辐射服务周边地区；服务于陕、甘、宁接壤区甚至西北或西部的专业性市场，形成煤炭、建材、优质果品和绿色食品、肉牛等名优特产品专业性市场；海内外华人寻根问祖、朝圣观光的旅游、文化中心市场和西安、兰州、银川、天水、宝鸡等周边城市和地区人民休假娱乐、旅游观光的胜地；发挥丝路要塞、历史名城和地处农牧业交错带、靠近牧区的区位优势及少数民族擅长民族贸易，尤其是皮毛集散交易的历史传统，振兴平凉作为西北皮毛市场的昔日雄风，建设全国著名的皮毛交易市场；西北地区市场应按照城镇等级和辐射范围分层次，各县镇有专业分工；各县市根据区位和经济联系要划分合理的市场辐射范围。

三、能矿资源开发生态经济类型区——柴达木盆地经济可持续发展战略

（一）区域资源、环境和基础设施

柴达木盆地是中国四大内陆盆地之一，位于青藏高原北部，青海省的西北部，盆地四周被祁连山、阿尔金山、昆仑山等环绕，东西长 850 为

千米，面积为25.6万平方千米，人口达30万。

柴达木盆地作为驰名中外的“聚宝盆”，自然资源极其丰富。有可垦宜农荒地7.93万公顷，可利用的天然草场275.33万公顷，突出资源是能源和矿产资源。截至目前，已探明石油、天然气、煤、钾、钠、镁、硼、锂、锌、金、铬、石棉、石灰石、天然硫等矿产84种，产地1007处，其中探明储量的矿产57种，产地281处，探明储量的潜在经济价值为15.6万亿元。矿产资源中最具优势的为盐湖资源、石油天然气资源、有色金属及岩金资源。

柴达木盆地盐湖数量多，分布面积广，品位高，种类齐全，储量丰富，是中国现代盐湖资源最集中的地区之一。盆地内油、气资源总量分别为12.4亿吨和2973亿立方米，是全国四大气田之一。柴达木盆地内以铅锌为主的有色金属矿产储量占青海的4/5，在全国也占有重要地位，锡铁山矿为全国第二大铅锌矿山，已探明金属储量350万吨，伴生和共生的金、银、铜、锡、锑、镉、锗、镓、铟、钼等多种贵金属和稀有金属，不少已达大中型规模，锶矿、金矿也有重要地位。其他如石棉等矿产储量居于全国首位。化工用石灰石、溶剂石灰岩矿、重晶石矿、硫精矿等也极有价值。

另一方面，柴达木盆地的生态环境极其脆弱，并趋于恶化。其平均海拔3000米左右，年均温度2～5℃，降水极少而蒸发量极高，空气稀薄，气压低，含氧量少，属高寒荒漠干旱区。自然条件严酷，不宜生物的生长发育。本已脆弱的生态环境因多年来人为开发不当，问题更加突出。沙漠面积已达1000万公顷，且呈迅速扩张之势。盆地内宜农土地少，仅占土地总面积的4.43%，中近期可开发的只占1.21%，但已有耕地的盐渍化严重，45%的耕地已盐渍化，不利于植物的生长，致使植被稀少，地表裸露，加之风大干燥，风沙严重，频频出现沙暴，严重影响资源开发和生产生活。

目前，柴达木盆地已有了较为坚实的经济基础，基础设施建设初具规模。公路、铁路、机场、通信光缆、电力设施的建设都已达到相当水平。所以，有了相当坚实的进一步发展的基础。随着西部大开发战略的实施，以及青藏铁路格尔木—拉萨段和格尔木—库尔勒的修建更加有利于柴达木盆地的发展和区位优势的提升。

(二) 可持续发展模式

对于柴达木盆地这样生态环境极度脆弱、生态建设因恶劣的自然条件而不易实施的特殊地区来说，减少人为生态破坏无疑是尽可能保持其环境可持续性从而为社会经济发展提供基本前提的主要出路。但显然，对其丰富自然资源的开发和随之而来的人为活动的加剧，总是会增加环境破坏的可能性。而自然资源的开发利用也显然已成为柴达木盆地社会经济发展的基本支撑点。如何协调二者之间的冲突，使丰富的自然资源充分得以利用，使地区的社会经济健康发展，同时确保脆弱生态环境不致破坏并有所改善，是制定柴达木盆地经济发展模式时首先要回答的问题。

可以认为，地方主体的相对缺位，由封闭性导致的地区资源输出和环境输入的不对称，资源利用方式的落后，生态环境建设的滞后，是使柴达木盆地社会经济发展与生态环境冲突加剧而制约其预期可持续性的主要方面。

首先，资源开发导致生态环境问题是与经济活动的外部性密切相关的，在柴达木盆地的日益大规模资源开发中也是如此。消除经济活动有害的外部影响，则可以通过强有力的政府法规和相关的环境经济政策。但是，由于地区原有社会经济基础的薄弱，以及近年来多种利益主体对资源开发的介入所导致的冲击（如私人个体对黄金资源的掠夺性开采），能够对社会经济活动在部门和私人群体之上进行综合、全面和有力协调管理的地方政府权威不足。因此，必须增强地方政府的权威，使多部门和各个利益群体的资源开发活动在地区可持续目标下得以整合，而减少条块分割和各种对小集团利益的盲目追求下资源开发的无序性，为生态环境保护和可持续的社会经济发展模式提供管理上的保证。针对近年来愈演愈烈的淘金热和滥捕滥杀野生动物的行为，一些迫切的生态环境问题如沙漠化和沙尘暴的严重化，都亟须成立专门的管理机构予以处置。对于总体和长远的地区环境问题，资源开发和环境保护中的利益协调，更需要有深入的研究、规划，以及在部门和私人利益之上的地方政府权威的监管。

对柴达木盆地这样资源极其丰富且具有战略意义，而生态环境又高度脆弱的地区而言，资源开发与生态环境之间的矛盾还必须通过产业结构的调整和西北地区外联系来解决。其宗旨是通过跨西北地区外的产业组织和区际贸易使对环境的破坏得以输出，使其他稀缺的生产要素得以输入。但是由于柴达木盆地地区特殊严峻的自然环境，交通基础设施建设困难，与区外联系受到限制，经济社会发展表现出很大程度的封闭性，产业结构是以资源产业为主的单一型式。封闭单一必然使地区的社会—经济—生态系统表现出脆弱和不稳定的特征。在这样的封闭单一的社会经济结构中解决柴达木盆地的可持续发展问题的空间是非常有限的。为此，必须营造一种开放和多元的社会经济结构。具体地说，就是进一步大力改善地区的交通、通讯等基础设施建设，将以资源开发和初加工为主的现有企业的产业链条延伸到区外，即将环境影响大的资源深加工的生产环节转至区外，而通过资本、技术、原料等的联系合理地分享其利益；以同样的方式引进西北地区稀缺而生产过程对环境较少破坏的生产和生活资料，并以此促进地区社会经济在第三产业的快速成长，逐步实现基于开放和联系模式下的多元化。实际上，也就实现了以资源换取环境，输出污染而引进环境质量的目的。

资源利用中的不合理成分还表现在具体技术环节和环保技术的落后和被忽视。而由于极其丰富的自然资源的开发和加工可能带来和已经积累的财富，在技术上的投资和引进也足以为缓解资源开发与生态环境保护之间的矛盾作出贡献。

另外，缺乏积极主动的生态环境保护和建设工程的推动，缺少与地区资源优势和国防安全地位相符的生态环境方面的战略考虑，也是柴达木盆地可持续性严峻的重要原因之一。为此，国家级的生态环境保护工程的及时启动，将为地区的社会经济可持续发展提供关键性的基础，为地区有战略意义的资源优势和国防安全地位的发挥提供保障。

因此，由地方政府主导、加强西北地区外经济联系而形成多元和开放的资源开发和经济发展模式，并通过技术环节的改进和环保建设的推进而争取达到可持续性，是柴达木盆地社会经济发展的必由之路。

四、新疆区域生态经济发展的模式探讨

新疆地区在西部是面积最广大、资源最丰富、经济和社会发展水平较高、主导产业优势鲜明而区位优势正在迅速抬升的地区。从区域类型尤其是生态经济类型看来，也不能归入某一个单一的类型区，而必须作为一个综合类型区来研究。

(一) 资源优势

新疆土地（包括相关的热量和水）、能源和矿产资源的赋存之厚，具有全国意义，尤以石油和天然气资源的战略地位更显突出。就其以资源为主导的产业结构尤其是优势产业的构成来看，如何把资源优势转变为经济优势，并协调经济与环境关系是制定新疆经济发展模式的重要前提。

1. 农业资源

现有耕地面积 409.3 万公顷，人均占有耕地 0.24 公顷（3.6 亩）。尚有宜农荒地 1022.64 万公顷，其中近期可开发的荒地约 489 万公顷，占全国可垦荒地的 13.9%。新疆被列为全国三个重点连片开发地区之一。新疆草原面积 5095 万公顷，其中可利用的面积 4801 万公顷。新疆拥有地表水资源年总径流量 884 亿立方米，地下水资源可开采量 252 亿立方米。由于高山冰川的补给，水资源比较稳定，目前水资源开发利用程度较低，地表水引用量 460 亿立方米，占地表水总量的 52%，流出国境的水资源达 233 亿立方米。地下水开发量 20 亿立方米，占可开采量的 7.9%，开发程度很低。新疆森林面积 365 万公顷，林木蓄积量 2.75 万立方米，森林覆盖率达 1.57%。新疆光、热、水、土、气等自然条

件组合较好，农产品质量好，比较效益高，市场广阔，可建立全国的农产品商品生产基地。新疆棉花总产、单产和质量均居全国首位，国家已确定将新疆建设成为全国最大的商品棉生产基地和全国三个连片开发的商品粮基地之一。新疆具备建设全国性农业产业化基地的优势条件。

2. 能源资源

新疆煤炭资源具有储量大、分布广、易于开采等特点。储量达1.6万亿吨，占全国总储量的35.9%，居全国首位。累计保有储量953.35亿吨。

新疆是我国石油、天然气资源富集地区之一，准噶尔盆地、塔里木盆地、吐鲁番—哈密盆地，以及其他山间盆地，都有丰富的油气资源。综合各方面的估算，新疆石油远景储量250亿吨，天然气储量在3亿吨以上。新疆已是我国油气资源重点勘探开发区。

新疆水能资源理论蕴藏量为3355.4万千瓦时，占全国水能蕴藏储量的5.7%，居全国第四位。可开发的水能904万千瓦时，年发电量442亿千瓦时。

除常规能源外，新疆还有风能、太阳能、地热等资源，不仅资源极为丰富，而且开发利用条件优越。

3. 其他矿产资源

新疆矿产资源种类多，储量大，已发现的矿产有122种，占全国矿种的75%。已探明储量的矿产有67种，列入矿产储量表的有57种，居全国前10位的有31种。

上述的资源优势由于新疆地处偏僻和与内地的交通联系弱而长期以来未能充分发挥，不过一旦面临外部环境的改善，则新疆的资源优势就会迅速转变为产业优势。而且，由于我国经济发展已逐步进入重化工化阶段，优势资源对区域经济发展的战略意义更加明显。

（二）较高的社会经济发展水平

在西北地区，新疆的社会经济发展水平也是位居前列的。

改革开放以来，交通运输发展迅速，已初步建立了以乌鲁木齐为中心，以铁路为骨架，公路为主体，民航、管道等各种运输方式结合的立体运输体系。邮电通讯设施迅猛增加，技术装备水平大大提高、邮政、电讯网络日趋完善，新疆对全国乃至世界各地的通信问题已基本解决。

经济结构由封闭、内向型逐步向开放型转变，石油及石油加工、轻纺工业已成为自治区相对优势的产业，在全国同行业中已占有一定的地位。与此同时，第三产业的发展速度明显加快。工业化进程加快，产业结构有了明显的改善。

较高的社会经济发展水平预示着进一步发展中许多有利条件，包括较雄厚的人力资本，有潜力的消费市场，产业竞争和区域合作的有利平台，规模经济和城市化经济，以及区域发展模式中的多元取向的可能性空间。

(三) 特色突出的产业结构

依据优势产业具备的主要条件，通过对各产业定性和定量分析，可确认农业、石油及石油化工、纺织业、制糖食品加工业、采盐及盐化工、有色金属是新疆近期和长远的优势产业。石油及石油化工、棉花及纺织工业、制糖及食品工业为新疆的主导产业。

1. 农业

已形成以粮食为龙头的种、养、加相结合的产业体系，形成南棉北粮的大格局。其糖料生产基地和制糖业，对缓解全国食糖供需矛盾有重要意义。新疆光热资源丰富，日温差大，无核葡萄、甜瓜、香梨等优质瓜果闻名中外，名、优、特、稀果品是市场广阔竞争力很强的优势产业。

2. 石油及石油化学工业

新疆油气资源极其丰富，石油工业不仅直接为新疆经济建设提供了巨额资金，更主要的是它带动了新疆石油化学工业和相关产业庞大产业群的发展，成为新疆经济新的增长极。

3. 以棉纺为主的纺织工业

新疆有着得天独厚的纺织原料资源，棉花产量居全国第一，羊只和毛绒产量均居全国前列，化纤工业也发展迅速。随着国家棉花生产布局和纺织工业的调整，新疆纺织工业进入了蓬勃发展的黄金时代。

4. 以制糖为主的食品加工业

制糖业属国家重点支持的产业，新疆被定为糖业基地。新疆甜菜单产高，含糖高，制糖工业所需的煤炭、石灰石等丰富，价格较低，制糖业效益比较高。新疆丰富而优质的瓜果、蔬菜、乳品、牛羊肉，使罐头工业成为一大优势。新疆蕃茄酱在品质和价格上都有较强的竞争能力。酿造和饮料在轻工业中占有主要的地位，食糖、蕃茄制品、啤酒等成为新疆重要的出口产品。

5. 采盐及盐化工

新疆原盐蕴藏量大，分布广，产地多，采盐利税高，经济效益明显，关键在于产品输出和市场竞争能力。解决原盐生产与外运的矛盾，最有效的途径是发展盐化工业，在巩固和发展传统优势产品元明粉、硫化碱的基础上，近年来烧碱、纯碱、氯碱和红矾钠、硝酸钠等产品发展迅速。通过发展盐化工促进相关产业的发展，增加附加价值，使新疆成为国家无机盐化工基地。

6. 有色金属和稀有金属工业

有色和稀有金属工业是我国产业结构中的薄弱环节。而新疆地区已经发现和圈定了 41 条重要矿带，新发现找矿区 181 处，获得科研预测储量黄金 510 吨、铜镍 429 万吨、铝锌 726 万吨，证明新疆可能成为我国新的贵重金属、稀有金属矿产后备基地。

上述这些主导产业和支柱产业的形成是在新疆地区突出的资源优势的基础上，经过改革开放，尤其是 20 世纪 90 年代以来全国范围内地区分工职能的重组和地区产业竞争，而逐步得以明确的。面临的主要问题是，在中国加入 WTO 后资源产品的市场开拓和以资源深加工获取更多附加值以及资源利用和生态环境的可持续性方面，应有深入的研究。

(四) 区位优势的提升

新疆地处亚欧大陆腹地和我国西北边陲，陆地边界线长达 5600 余千米；由东向西与蒙古、俄罗斯、哈萨克斯坦、吉尔吉斯斯坦、塔吉克斯坦、阿富汗、巴基斯坦、印度等八国接壤；东面、南面分别与甘肃、青海和西藏相邻。20 世纪 80 年代以后，随着和平与发展逐步成为世界形势的主流和我国沿海、沿边对外开放战略的实施，新疆的战略地位发生了根本的转变，由冷战的前哨、内陆的“瓶底”，变为我国对外开放的西部门户，东西方国际大通道上的重要桥头堡。

1992 年北疆铁路延伸至阿拉山口，与哈萨克斯坦铁路接轨，构成了东起我国连云港，西至荷兰鹿特丹港，横跨亚欧两大洲七个国家的亚欧第二大陆桥。这座大陆桥的开通，对亚欧两洲社会经济发展具有不可低估的作用，使世界贸易中心由现在的大西洋沿岸，发展为大西洋与太平洋两岸，带来“一线三环”的开放态势，使我国进入“三圈”的经济贸易范围（亚太经济环圈、欧洲经济环圈、中亚经济环圈）。新疆由封闭的内陆区一跃而成为国内、国际双向循环，向西开放的桥头堡。现在“共建亚欧大通道，联合走西口，以大开放、大协作，带动大发展”已成为新疆、整个西北以至更大范围内的共同目标。

出现了“贸易兴边”的热潮，促进了边境地区的建设和社会经济的发展。在“以沿边开放为前沿，以沿线开放为后盾，以沿线开放城市为重点，点线结合，辐射全疆”的战略方针指导下，新疆经济建设和对外开放进入了一个新时期。从 1992 年开始，每年一次的乌鲁木齐对外经济贸易洽谈会，正由区域性逐步向国际博览会的目标前进，乌鲁木齐市可望成为亚欧腹地的国际商贸中心。

新疆基于向中亚、西亚和南亚的开放而导致区位优势的提升，意味着新疆开始赢得与自己的地理范围和发展潜力相适应的发展空间，也表明新疆因地处西北一隅而形成的封闭经济模式将随之改变。

（五）脆弱的生态环境是新疆经济发展的基本约束条件

新疆地处干旱区，绿洲分散被荒漠包围，生态环境是人口—资源—环境链条中最脆弱的环节。资源开发利用必须与保护生态环境结合起来，以促进生态良性循环、保证绿洲经济可持续发展为前提，制定资源开发的规划及其政策措施。其中水资源的时空分配严重不均衡，大大制约了资源尤其是土地资源的开发，并对整个社会经济生活有着全面和深刻的影响。为此，制定新疆经济发展模式必须基于这个约束性前提。另外，设想中南水北调工程可能在相当程度上增加水资源的供给而使新疆的社会经济发展环境大大改观，使旧的发展模式受到极大的冲击，对此应有相应的考虑。总体而言，在新疆地区社会经济发展的所有重要环节贯彻生态经济的理念，形成牢固建立于生态环境可持续性之上的社会经济发展模式——生态经济发展模式，就新疆这样面积广大、资源丰富、发展潜力巨大的地区来说具有格外重要的意义。

（六）经济发展模式的基本原则

新疆作为西北地区最大和综合性的地区单元或生态经济类型区，由于其资源禀赋、社会经济基础和日益改善的独特开放环境，发展模式是与众不同的。

1. 更高程度的独立性和完整性

由于广大的地理范围和资源、经济的存量，在资源结构和产业结构上的相对全面、完整，与内地距离遥远联系不便，以及在向中亚、南亚、西亚开放中的独特开放环境和新疆在其中所处的重要地位，新疆必然会选择一种相对独立的发展模式和完整的经济结构。

2. 相当长期内的资源主导

由于内部市场的有限，丰富的资源禀赋在开放模式中一定是起基础和主导的作用。资源开发和资源加工行业的发展以及由此形成的产业结构的高级化会在长期内维持新疆经济的快速增长，并作为经济中的主导部门而带动相对独立和完整的、多元化的经济体系的形成过程。尤其是丰富的农业资源和石油天然气资源，其开发所带动的下游产业的发展是广泛的，即多个部门的共同成长。也只有产业部门的逐渐多元化和经济体系的逐渐完整化，才足以支撑资源产业的长期稳定发展，使资源产业的对外依存程度逐渐降低，而克服资源产业因附加值较低而造成收益外流、竞争力下降的局面。资源结构的合理性也有赖于这样的发展模式。

3. 更高的开放性

远离经济发达的东部地区且运输线太长，使新疆经济的发展长期内受到制约。但是随着沿边开放的逐步升级，周边国家的经济发展，中亚地区石油资源的全球战略意义日益凸显，以及欧亚大陆桥的开通，新疆的经济发展越来越具有地缘优势和战略潜力。西部大开发战略的实施也使新疆与西部其他地区的联系必然增强，在全国经济中的重要性不断上升。

4. 生态型经济发展模式

由于自然地理条件的限制，尤其是水资源对社会经济生活的严重约束，如何使经济发展与随时空变化而呈现出极度不均衡的水资源在结构上相吻合，以最大限度地降低水资源结构性短缺的消极作用，是新疆经济发展模式在布局和产业结构选择方面必须考虑的因素。因此，新疆的经济发展模式仍应遵循生态经济的基本原则，即在复杂的经济发展环节和布局过程中始终坚持以生态环境的可持续性作为根本前提，以生态环境容量的要求尤其是水资源的条件作为前提，用市场经济和法律、政策的手段保证生态环境的脆弱平衡得以维持，实现资源、环境与社会经济的协调发展。

五、江河源头生态保护类型区——三江源地区可持续发展模式

“三江源”地区是我国长江、黄河和国际河流澜沧江——湄公河发源地，位于青海省南部，属于海拔4000米以上的青藏高原腹地，包括青海省的玉树、果洛两个藏族自治州全境以及黄南、海南、海西三个藏族自治州所辖的泽库、河南、兴海、同德四县和被称为“生命禁区”的唐古拉山，总面积达31.8万平方千米，占青海省土地总面积的44.1%，西北地区人口约55.6万，不足青海省总人口的10%，绝大多数是藏族人口。本区既是典型的江河源头生态保护区，也是牧区和高原特色旅游区。三江源被誉为“中华水塔”，为野牦牛、野驴、藏羚、黑颈鹤等大

批珍稀野生动物提供了栖息地，是我国江河中下游地区和东南亚国家生态环境安全和区域可持续发展的生态屏障。

（一）三江源自然保护区的“特殊性”

（1）它是世界上江河最多、战略地位最为重要的自然保护区。三江源自然保护区不仅是中华民族母亲河黄河、长江的发源地，关系着长江、黄河中下游地区人民生活和社会经济发展的生态安全，是中华民族的“精华”区域可持续发展的重要保障，是“中华水塔”，从某种意义讲，保护好三江源就等于保护了中华民族赖以生存的生命源泉；而且三江源的保护还关系着东南亚地区人民的生态环境安全，对于我国同东南亚有关国家之间的睦邻友好和地区安全具有重要的战略意义。

（2）它是世界上海拔最高、面积最大、生物多样性最集中的高山草甸及湿地自然保护区。三江源是高海拔地区面积最大、珍稀高原物种最丰富的自然保护区，也是保护对象较多的保护区。许多野生动植物属于世界独有，堪称高原野生动植物物种“基因库”，是人类宝贵的自然财富。因此，保护三江源对于全球生物多样性保护具有重要意义。

（3）建立三江源自然保护区是一项刻不容缓的战略任务。三江源地区面临着十分紧迫的生态环境保护形势，从减轻我国江河中下游地区生态环境危机，抢救性地保护珍稀濒危野生动物物种来看，建立三江源自然保护区是一项刻不容缓的战略任务。

（4）建立三江源自然保护区是西部大开发生态环境建设的战略突破点。三江源地区自然环境严酷，生态危机深重，社会经济落后，人民生活贫困。在目前国家推进西部大开发战略的大背景下，三江源地区应当作为西部大开发中重点整治、保护和建设的战略重点区域，也是西部大开发生态环境建设的战略突破点。

（5）三江源区域生态、经济和社会问题相互交织，互为因果，自然保护区的建设必须与区域社会经济发展紧密结合起来。

（二）三江源地区主要生态环境问题与症结分析

三江源地区堪称“中华水塔”和中华民族生命的“源泉”。近几十年来，由于全球气候变暖，加之人类不合理的开发自然资源，如一些地区超载过牧，掠夺性地利用草场资源，滥采乱挖黄金、冬虫夏草和草被等资源，盗猎珍稀濒危野生动物等不良行为，加速了三江源地区环境退化，导致了一系列不良后果。大面积的草场退化，畜牧业水平降低，植被破坏，草场复被率急剧下降，优良牧草减少，毒杂草增加，草原生产力下降（产草量下降，草场载畜量下降，单位牲畜质量下降）；鼠害肆虐，高原鼠兔、盼鼠、田鼠数量多，危害大；灭鼠难度大；土地沙化和水土流失不断加剧，面积逐年扩大，沙尘暴天气增多；水位下降，江河断流，湖泊干枯，缺水严重；自然灾害频发，雪灾、旱灾、风沙等灾害加剧，对人畜及社会经济危害严重；防灾抗灾能力低下；生态系统处于恶性循环，生态危机十分严重，加强保护刻不容缓。

1. 掠夺性地开发资源，超载过牧，滥挖乱采黄金、虫草和草被，加速了环境退化，生态恶化形势十分严峻

全球气候变暖对于干旱缺水的西北地区来说，无疑是雪上加霜。而人类对生态环境施加的不合理干预则是近几十年来三江源地区环境急剧退化的重要原因。长期以来，许多牧区以单纯追求牲畜头数为主要目标，不顾草场载畜量，造成严重的超载过牧，导致草场退化，环境遭到破坏。

2. 草场退化，鼠害肆虐，畜牧业水平降低

不合理的牧业活动，造成草场复被率急剧下降，天然草场正在迅速退化，优良牧草减少，毒杂草增加，草原生产力下降（产草量下降，草场载畜量下降，单位牲畜质量下降）。而鼠害肆虐，高原鼠兔、盼鼠、田鼠数量急剧增多，危害加大，灭鼠难度大，投入不足。有些原本丰美的草场变为寸草不生的“黑土滩”。

3. 水土流失，土地沙化，荒漠化面积逐年增多

三江源地区由于自然和人为双重原因，水土流失和沙化十分普遍，水土流失和沙化面积逐年增多，不仅使当地生态环境恶化，而且危及着中下游地区生态环境安全。

4. 冰川退缩、湖泊萎缩、地下水位下降、湿地退化，自然灾害逐年增多

三江源的冰雪、湖泊及沼泽地均为江河的重要补给源和水源涵养区。这里的冰川主要分布在唐古拉山北坡，最近研究发现这里的冰川均呈不同程度地退缩。三江河源地区湖泊广布，众多湖泊出现面积缩小、湖水咸化、内流化和盐碱化。

在林草植被遭到严重破坏，生态也严重失衡的同时，三江源地区气候反常，自然灾害加剧，冰雹、霜冻、干旱、洪涝、沙尘暴、雪灾等灾害次数有增无减，玉树藏族自治州雪灾更是连年发生，给畜牧业发展和人民生活造成很大损失。

5. 生态系统处于恶性循环状态

三江源地区由于长期超载过牧，尤其是绵羊具有高度的选择性采食习性，加上较高的放牧强度，使群落中优良牧草的比例逐渐减少，而劣质草甚至有毒有害植物大量侵入，生物量降低，放牧绵羊的体重也随放牧强度的增大而减少。同时，由于长期践踏，使土壤板结，因而造成土壤导水率降低，从而加剧了水土流失和沙化。草场的退化实际上是植被—土壤系统的退化；不合理的人类活动打破了生态平衡，食物链遭到破坏，如近些年草原鼠类的天敌鹰和黄鼠狼等被不法分子猎杀或被灭鼠药毒死，鼠类种群急剧扩张，鼠害加剧，对草场资源造成了严重破坏；草场植被下降一方面为鼠类提供了良好的生存环境，促进了鼠害发生，另一方面又导致土地沙化和水土流失；环境退化又促使气候干旱和蒸发量的上升，进而反过来又加剧草场退化，如此又开始新一轮环境退化循环。

6. 社会经济发展严重滞后，牧民生活困难，是生态环境保护和治理的重要障碍，加速社会经济发展是解决环境问题的根本途径

（1）三江源地区处于农牧业社会发展阶段，社会经济十分落后，相当数量的牧民过着靠天放牧的游牧生活。

(2) 草场退化导致牧民迁徙频繁，危及牧民生存。近年来日趋严重的草场退化使牛羊无草可吃，冬夏草场混牧，更加速了草场退化。各种自然灾害频繁，使长期生活在高原地区，祖祖辈辈靠放牧为生的藏族牧民在失去优良草场后无法搞替代产业，生活十分困难。

(3) 牧民居住极为分散，牧区聚落建设不合理，城镇化水平低，影响牧区社会公共服务设施建设和牧民生活水平的提高；过于分散的牧民聚落和放牧形式对生态环境造成过大压力，对草场破坏力强。

三江源地区由于环境制约，牧民居住十分分散。分散的牧民聚落难形成社会群落，社会服务和公共福利事业难以发展，牧民生活水平提高缓慢。另一方面，过于分散的居住方式，使大量的牲畜分在大面积生态环境极为脆弱的区域，造成生态环境不断退化。

(4) 草场承包到户的生产方式、掠夺性放牧加剧了对草场资源生态环境的破坏，不利于草场资源的可持续利用和区域可持续发展。因此，在现行生产方式下，要积极推进牧业生产方式的改革，在牧户中间实行多种方式的互助合作经营，如搞股份合作，或使草场使用权向牧业经营能手有偿转让，以促进草地生态系统的恢复和重建，实现草场资源的可持续利用。

(5) 公共基础设施严重不足，教育、科技、医疗等公益性事业落后，制约了区域社会经济和生态环境的可持续发展。三江源地区交通、通讯、电力、医疗卫生、文化、教育、科技等基础设施非常落后，缺电、缺水、缺路、缺能源以及缺医少药状况普遍存在。交通道路少，通讯设施奇缺，在生态环境严酷的三江源地区，更加剧了区域联系的困难和信息的闭塞。

缺电、缺能源，一方面使信息流受阻，如许多牧民连电视也看不上，就很难与外面的现代社会交流，另一方面牧民生活和生产活动没有现代能源的支撑，只能延续传统落后的烧牛粪、砍灌木、挖草根来维持，这就形成了牧民活动对生态环境连续不断的破坏，以及由此产生的生态系统的恶性循环。教育和文化的落后严重制约着牧区社会进步和经济发展。同时科技事业极其落后，牧民从事的经营活动很难依靠科技进步，牧民行为选择的科学性低。如修建道路时不合理行为造成草场资源严重破坏的现象随处可见。因此，很难使区域的社会经济活动建立在科学合理的基础上。

（6）生态环境管理不善，草原建设和生态环境治理投入太少，急需加强。三江源地区水资源、未划归牧民的草地和荒地，无论其所有权还是使用权都归于全民所有，但在实际使用中，由于管理监督的难度较大，个人随意占有甚至破坏国有资源和环境的现象时有发生。这些不良行为又都严重破坏了生态环境。

（三）三江源地区生态环境保护与建设的对策建议

1. 制定高水准的科学规划，建立三江源自然保护区

三江源地区的发展应当把生态建设摆在首要位置，以追求生态效益为核心，确保本区和中下游地区水源和生态环境安全。兼顾社会效益和经济效益。因此，建立三江源自然保护区是抢救性地保护“中华水塔”，保护青藏高原生物多样性，保护人类自然遗产的根本途径。

三江源自然保护区的建设必须建立在坚实的科学研究基础之上，因地制宜，统筹规划。在三江源区域生态经济类型划分基础上，进行生态环境综合区划和在此基础上的生态建设与环境治理综合规划，以指导区域生态环境建设和资源开发利用。

2. 采取有力措施妥善安置核心区的移民

这是一项关系民族团结、社会稳定和保护区建设成败，以及将来能否持续发展的大事。在建设三江源自然保护区时，必须高度重视这个政策性极强，影响深远的问题。要把移民同替代产业发展、乡镇、县城等区域中心建设，牧区城镇建设紧密结合起来。确保移民收入高于从前，安居乐业，才能保障保护区建设的顺利进行。

3. 保护与利用相结合是区域可持续发展的必由之路

把自然保护区的资源环境保护与社会经济发展结合起来是近年来国际自然保护区事业发展的新动向。在我国自然保护区所在地方都是社会

经济落后的欠发达地区，保护与发展是两个必须同时兼顾的目标。因此，无论客观现实发展的需要还是保护区事业的实践都证明上述国际新动向对我国的适宜性。所以，无论在三江源自然保护区的建设还是西部大开发中生态环境建设，都必须把资源环境保护与利用有机结合起来。这是符合我国国情的可持续发展道路。

4. 依靠科技创新和高新适用技术的引进和推广应用，促进当地社会经济的发展和生态环境建设，建立科学研究基地

科技创新是社会经济发展的动力。高新技术对生态环境建设的作用是巨大的。三江源地区乃至整个西部地区，技术落后，自我创新能力低下，对经济和环境建设贡献小。必须积极引进国内外适用高新技术，在西部试验、示范、推广应用，以带动区域经济发展和生态环境建设。

5. 加强造林种草等生态环境建设，防止水土流失

植被恢复是生态环境建设的主要措施，也是自然保护区建设的主要内容之一。要根据区域自然条件的差异，因地制宜，分类指导，进行树种、草种种植适宜性的科学试验，再逐步推广，而绝不能搞“一刀切”。通过人工造林，种草、封沙育林（草）等措施，恢复植被，提高森林、灌木、草地生态功能等手段，有效地防止土地沙漠化，进一步防止水土流失。

6. 加强鼠害治理，促进草场生态系统的恢复

草场鼠害治理是恢复草原生态系统工程的一项重要内容，同时也关系到广大牧民生活水平的改善和提高，需要广大牧民的理解、支持和参与。因此，需要在尊重藏族人民的宗教信仰的前提下，切实做好宣传和科学普及工作，使更多的人参与草原鼠害的治理。应采用先进技术发展完善鼠害监测预报水平，加大基础设施建设，改善工作条件，加快人员培训，不断提高测报水平以防患于未然。

7. 实施三江源地区社会综合治理工程，促进人与自然协调发展

国家有关部门应该以三江源自然保护区建设工程为龙头，依托地方

政府，实施一系列社会综合治理工程，如公共基础设施建设工程、扫盲工程、现代科技知识普及工程、爱国主义教育工程、大众信息工程等。通过民族地区社会主义精神文明建设，促进人与自然协调发展。

8. 建立上中下游利益补偿机制，促进江河源区生态保护事业的良性发展

生态经济学原理告诉我们，一个流域的上、中、下游是紧密联系、相互作用的有机整体，一个不断运动、变化和演替的生态经济系统，上中下游任一部分的变化都将引起其他部分的响应，最终导致整个系统的变化；系统整体功能的好坏并不取决于上、中、下游部分的简单相加，而是取决于各部分相互关系协调的状态或水平。因此，一个流域上、中、下游地区之间在资源开发、环境保护以及社会经济发展等方面必须统一筹划、相互协调、相互促进，以实现全流域资源、环境与社会、经济的可持续发展。

按照产权经济学、制度经济和环境经济学原理，河流是全流域人民的公共财产，大家共同享有对该河流的利用、保护的权利和责任。因此，江河源保护不仅是上游的事情，也是中下游的事情。据此，要建立上中下游利益共享、责任共担的补偿机制，实行全流域统一的利用、保护和管理。有关部门要尽快制定流域上中下游利益补偿、责任共担的政策和法规，促使江河源区生态保护事业的良性发展，以及全流域的可持续发展。

建议中央和地方政府在积极借鉴国外发达国家经验的基础上，按流域配置资源，组织生态环境建设，尽快建立符合中国国情的上、中、下游利益共享、责任共担的补偿机制，组建权威性的全流域统一的资源配置与环境利用、保护和管理机构，综合协调、处理全流域资源开发与保护及环境治理和管理事宜；有关部门要及早制定科学的全流域上、中、下游利益补偿、责任共担的定量核算方法；财税部门应研制出一套切实可行的上、中、下游利益补偿的财政转移支付方案、操作规程和配套政策；全国人大要制定促进流域上、中、下游利益补偿、协调发展的法律

法规，把全流域资源开发、生态环境建设和管理纳入法制化轨道，从法律上保障江河源区生态环境保护事业的良性发展，以及全流域的可持续发展。

参考文献

[1]刘刚.西北民族地区体育旅游资源开发策略研究:以甘南州为例[J].旅游纵览(下半月),2019(6):126,128.

[2]鲍学英.西北寒旱地区铁路绿色施工措施及效果评价[M].北京:中国铁道出版社,2021.

[3]陈峰,宋普洪.西北煤层气资源特征及开发潜力评价[J].能源与节能,2023(6):51-54.

[4]陈海儒.全域旅游视角下的西北联大文化旅游资源开发[J].陕西理工大学学报(社会科学版),2020(3):33-39.

[5]戴斌.我国西北地区煤炭资源开发中的环境治理法学研讨[J].法制博览,2015(34):66.

[6]高志刚,刘伟.西北少数民族地区区域经济差异与协调发展:以新疆为例[J].南开学报(哲学社会科学版),2016(3):147-160.

[7]耿占军.陕甘宁青旱灾的社会应对研究[M].陕西师范大学出版总社,2019.

[8]郭冰.西北地区红色文化资源的开发与利用研究[J].新丝路(上旬),2022(1):99-101.

[9]郝鑫,李颂扬.西北地区少数民族人力资源开发方式方法探究[J].决策与信息,2015(26):72.

[10]李朝阳.矿产资源富集型欠发达地区资源开发与区域经济协调发展研究——以甘肃庆阳为例[J].农业现代化研究,2013(1):54-58.

[11]李林,李清,梁楠,等.西北地区矿产资源潜力评价数据集成与应用研究[M].武汉:中国地质大学出版社,2020.

[12]李琴."一带一路"倡议对我国西北区域的发展[J].福建质量管理,2019(21):213.

[13]李泉,石国海."丝绸之路经济带"沿线区域金融发展能力研究:以西北五省(区)为例[J].西华大学学报(哲学社会科学版),2016(3):50-57.

[14]李啸虎,杨文晶,王立明.西北地区旅游产业—区域经济—生态环境耦合协调发展研究[J].新疆财经,2022(4):38-47.

[15]李政大,袁晓玲,吕文凯.西部地区绿色发展机制研究[M].北京:经济科学出版社,2022.

[16]刘志仁.西北内陆河流域水资源治理制度构建研究[M].北京:中国社会科学出版社,2021.

[17]罗起联.桂西北传统干栏建筑文化资源的开发利用研究[J].艺术家,2019(3):154-156.

[18]马金龙,陈学琴.精准扶贫视域下西北农村人力资源开发减贫机制研究[J].北方民族大学学报,2019(3):39-42.

[19]马莉.西北地区科技人力资源与区域经济发展的关联关系研究[J].中国商论,2019(3):189-190.

[20]马淑娟.区域协调发展战略与民族地区发展研究:以西北少数民族地区为例[J].江西电力职业技术学院学报,2020(8):147-148.

[21]申彩婷.新时代区域经济、资源、环境协调发展分析及预测:以西北少数民族地区为例[J].商业经济研究,2020(15):150-153.

[22]束锡红,陈祎.生态文明视阈下西北区域环境变迁与绿色转型发展[J].西北大学学报(哲学社会科学版),2020(6):127-134.

[23]苏华,李雅.向西开放战略下西北区域特色经济的发展思路[J].经济纵横,2016(3):76-80.

[24]孙怀静.人力资源开发与利用在推动区域经济发展中的策略研究[J].幸福生活指南,2023(28):163-165.

[25]孙娟.社会学视角下的区域经济发展及其管理创新策略[M].北京:中国纺织出版社,2020.

[26]孙艳."一带一路"战略环境下西安及西北区域物流发展策略研究[J].现代商业,2017(24):46-49.

[27]王海雯.西北地方文献研究与区域发展[J].发展,2020(8):27-28.

[28]王世金,颉佳,赵荣芳.西北地区沟域旅游资源空间开发探索:以西秦岭车巴沟景区为例[J].开发研究,2022(2):132-141.
[29]王永和,高晓峰,马中平,等.西北地区大地构造环境与成矿[M].武汉:中国地质大学出版社,2020.
[30]王喆之.西北濒危药材资源开发国家工程实验室[J].大学科普,2022(2):30.
[31]魏晓妹,降亚楠.西北灌区地下水资源开发利用研究进展及发展趋势[J].水利与建筑工程学报,2019(6):1-10.
[32]中国生态文明研究与促进会,中国西部生态文明发展报告编委会.中国西部生态文明发展报告(2019)[M].北京:中国环境出版集团,2021.
[33]邢海峰.区域协调发展中的地方合作机制构建:以新疆西北区域合作为例[J].城市发展研究,2015(3):33-38.
[34]许杰玉,蒋蕾,毛磊,等.典型西北干旱区水资源开发利用及保护对策研究:以武威市为例[J].水利发展研究,2016(5):34-37,47.
[35]杨媛媛.基于与西北其他省份比较的宁夏区域金融发展探析[J].商业故事,2016(20):64-66.
[36]张晶,孟广路,王斌,等.西北地区矿产资源潜力地球化学评价[M].武汉:中国地质大学出版社,2021.
[37]张小军.西北地区"丝绸之路"文化产业发展的区域法治协同[J].法制与经济,2016(11):19-23,35.
[38]赵宇新.开创西北区域新能源高质量发展新格局[J].中国电力企业管理(上),2020(12):34-36.
[39]赵转萍.合理分配和共享资源实现西北地区各区域经济特色发展[J].今日财富(中国知识产权),2022(1):16-18.
[40]郑建邦.深入贯彻习近平新时代中国特色社会主义思想加快西北地区发展推动区域协调发展[J].中国政协,2017(22):11.
[41]邹广迅,李小敏,赵志峰,等.西北重点区域石化产业发展的环境制约研究[J].环境工程,2016(3):151-155.